提升森林质量："绿水青山就是金山银山"理念的实现路径

石春娜　张　弘　著

国家自然科学基金项目"新一轮退耕还林工程的优先区选择研究——以黄土高原区为例"（批准号：71603205）资助

西安工业大学专著基金资助项目资助（2018 年）

陕西省社会科学基金项目（批准号：2017D010）资助

陕西省财政厅高等教育专项项目"一带一路下陕西产业升级与协同创新研究"（批准号：2050205）资助

科 学 出 版 社

北 京

内 容 简 介

本书在系统阐述我国森林质量内涵的基础上，从理论与实证方面分析社会经济发展过程中多种因素对森林质量的影响方向和深度，借助历史数据，利用统计分析方法，归纳我国森林质量变化与社会经济发展之间的关系，探索如何改善森林质量以提升社会经济发展水平，打通"绿水青山"与"金山银山"之间的通道，为相关部门决策提供借鉴思路，为攻坚脱贫、改善民生、乡村振兴战略高效实施，并最终实现共同富裕目标献计献策。

本书可作为林业经济管理专业硕士研究生、博士研究生的参考用书，也可以为同领域研究人员提供参考和借鉴。

图书在版编目（CIP）数据

提升森林质量："绿水青山就是金山银山"理念的实现路径/石春娜，张弘著. —北京：科学出版社，2019.6

ISBN 978-7-03-059659-8

Ⅰ. ①提⋯　Ⅱ. ①石⋯ ②张⋯　Ⅲ. ①林业经济－研究－中国
Ⅳ. ①F326.23

中国版本图书馆 CIP 数据核字（2018）第 266491 号

责任编辑：徐　倩 / 责任校对：杨　赛
责任印制：张　伟 / 封面设计：无极书装

科 学 出 版 社 出版
北京东黄城根北街 16 号
邮政编码：100717
http://www.sciencep.com

北京盛通商印快线网络科技有限公司 印刷
科学出版社发行　各地新华书店经销
*
2019 年 6 月第 一 版　开本：720 × 1000　1/16
2019 年 6 月第一次印刷　印张：8 1/2
字数：169 000

定价：68.00 元
（如有印装质量问题，我社负责调换）

作 者 简 介

石春娜，现任西安工业大学经济管理学院管理系副教授。女，1981 年出生于山西侯马。北京林业大学林业经济管理学博士（2007～2010 年），美国密歇根州立大学林学系联合培养博士生（2008～2009 年），西北农林科技大学林业经济管理专业博士后（2013～2017 年）。主要从事资源经济管理、林业政策评价与优化等方面的研究工作。主持国家自然科学基金项目 1 项，参与国家级、省部级项目多项，中文社会科学引文索引（Chinese Social Sciences Citation Index，CSSCI）和中国科学引文数据库（Chinese Science Citation Database，CSCD）共收录 7 篇，北大核心论文 10 余篇。

张弘，现任西安工业大学经济管理学院院长，教授。男，1974 年出生于陕西汉中。西北大学经济学博士，主要从事生态经济相关研究工作。主持、参与省部级项目多项，发表期刊论文近 10 篇，其中，CSSCI 收录 3 篇。

序

　　长期以来，我国对森林资源"重取轻予、重采轻育"，致使森林资源总量不足、森林质量急剧下降、森林生态防护功能明显减弱。经过多年努力，我国实现了森林面积和蓄积的持续增长，但森林质量不高、生态环境脆弱的状况短期内难以改变。提高森林质量，既是我国林业发展必须着力解决的一个突出问题，也是推进林业现代化建设的重大任务。十八大以来，国家领导人在多个重要场合中多次提到树立和践行"绿水青山就是金山银山"的全新生态理念，为打通"绿水青山"与"金山银山"之间的通道，解决当前森林质量提升和地方社会经济协同发展提供了新思路。

　　森林总量和质量的变化，始终与影响社会经济发展的诸多因素互为因果。在我国工业化的资本原始积累阶段，森林被作为矿产资源而过度开发，林区对既有发展模式的路径依赖长期难以扭转，这是森林质量持续下降的历史原因。随着我国经济社会发展水平提高，人口对森林物质和生态产品的需求量不会下降，森林资源要承载的来自社会经济发展的压力不会减轻。因此，协调好森林资源保护与利用的关系，根据社会经济发展的需求而调整森林物质与生态产品的产出能力，是我国林业经济理论研究和实践探索都要高度重视的问题。

　　本书从理论和实证方面分析了社会经济发展过程中多种因素对森林资源质量的影响方向与深度，借助历史数据，利用统计分析方法，归纳我国森林资源质量变化与社会经济发展之间的关系，探索如何在今后的社会经济发展过程中稳步提升森林质量，为相关管理部门提供可靠的决策依据。研究表明：我国社会经济发展尚未迈过资源消耗型阶段，社会经济发展仍可能是导致森林质量下降的"负面"影响因素；农村经济发展、产业结构优化升级、增加投资、加快城市化、提高人口素质、政策环境改善、科技进步等社会经济因素，总体上是提升森林质量的积极因素。在揭示上述规律的基础上，作者提出了调整相关政策的具体建议。

　　经验的探索要基于历史，当然经验也要随历史发展而更新。影响森林质量的社会经济因素很多，且随着社会经济发展水平的提高，各因素对森林质量的影响方向和深度也在发生变化。能够持续跟踪和深入研究森林质量与诸多影响因素之间的关系，预测各因素的影响方向和深度变化的转折点，将是林业管理部门需要的重要决策参考，做好森林质量的社会经济影响因素研究具有重要的理论和现实意义。

2019 年 2 月 26 日于北京

目　录

上篇 理 论 篇

第一章 生态马克思主义视角下"绿水青山就是金山银山"理念的提出

党的十九大报告中强调了建设生态文明"必须树立和践行绿水青山就是金山银山的理念"①。从论述的提出到理论内涵的不断解读与阐释，这一发展理念坚持人与自然和谐共生，是生态马克思主义在中国具体化的生动体现，是生态马克思主义的深化和具体化，对我国乃至世界范围内面临的生态环境问题具有很重要的理论和现实意义。

第一节 生态马克思主义基本观点

经过近半个世纪的不断演进，生态马克思主义已经发展成一个庞大的理论话语体系[1]。当前生态马克思主义相关理论主要可以从三个方面进行归纳，一是马克思、恩格斯本身的"生态学思想"；二是欧美生态马克思主义者们对前者思想的进一步阐释和拓展；三是我国相关领域学者对以上两个层面的思想和理论的系统梳理与再阐释[2]。

一、马克思、恩格斯的"生态学思想"

尽管资源枯竭、环境恶化、生态危机等问题在马克思、恩格斯所处的时代并不凸显，但是他们在有关人与自然的大量论述中仍敏锐地预期了人与自然的矛盾将日益紧张的发展趋势，并在此基础上形成了一系列较为系统的生态自然观[3]。

第一，人与自然是辩证统一的，在人的发展中强调尊重自然，以及自然在人的发展中发挥着重要作用。①人类是自然发展到一定阶段的产物。"人本身是自然界的产物，是在自己所处的环境中并且和这个环境一起发展起来的。"[4]②"人直接地是自然存在物。"[5]也就是说，人本身就是自然的一部分，隶属于自然，是一种具有主观能动性的自然存在，同时人也是受到各种限制的自然存在物，"他的欲望的对象是作为不依赖于他的对象而存在于他之外的"[5]。③人类的生存离不开

---

① 资料来源：http://www.gov.cn/zhuanti/2017-10/27/content_5234876.htm，2018 年 10 月 18 日。

自然。"人在肉体上只有靠这些自然产品才能生活,不管这些产品是以食物、燃料、衣着的形式还是以住房等等的形式表现出来。""自然界,就它自身不是人的身体而言,是人的无机的身体。"[5]

第二,劳动是实现人与自然辩证统一关系的唯一途径。① "人不仅仅是自然存在物,而且是人的自然存在物,就是说,是自为地存在着的存在物,因而是类存在物。他必须既在自己的存在中也在自己的知识中确证并表现自身。"[5] 也就是说,人是可以通过一定的途径,即劳动,根据自己的意志能动地改造自然。② 因为劳动的出现,自然分化为 "自在自然" 和 "人化自然" 两类,且劳动带来了 "自在自然" 不断推向 "人化自然" 的发展趋势。人类通过不断地对原始自然进行改造,使其逐渐演变成 "舒适的家园"。通过不断发展的有目的的劳动——生产实践,人类能动地实现着自身在自然的自为存在[3]。③ 劳动必须以尊重自然规律为前提。"不以伟大的自然规律为依据的人类计划,只会带来灾难"[6],"劳动首先是人与自然之间的过程,世人以自身的活动来引起、调整和控制的人与自然之间的物质变换的过程"[7]。也就是说,劳动在对人与自然之间关系构建的过程中,除了 "引起" 的过程,需要特别注意自然的承载力,以调整和控制人与自然之间的物质变化过程。"我们不要过分陶醉于我们人类对自然界的胜利。对于每一次这样的胜利,自然界都对我们进行报复。"[8] 人类应为人与自然的失衡而付出代价。

第三,关于造成人与自然不能和谐统一的原因,人类错误的劳动方式是表象,而人与人关系的不协调才是根源。① 自然是有机整体,不仅是人类改造的对象,更是人类赖以生存的家园。因此,"我们每走一步都要记住:我们统治自然界,绝不像征服者统治异族人那样,绝不像站在自然界之外的人似的,相反地,我们连同我们的肉、血和头脑都是属于自然界和存在于自然之中的"[8]。② "到目前为止的一切生产方式,都仅仅以取得劳动的最近的、最直接的效益为目的。那些只是在晚些时候才显现出来的、通过逐渐的重复和积累才产生效应的较远的结果,则完全被忽视了。"[8] 人类的短视行为在发展过程中也确实给自身赖以生存的自然带来灾难,我们也正在遭受自然的惩罚。③ 更为深层次的原因则是生产者贪婪的本性导致劳动被过度使用。"劳动本身,不仅在目前的条件下,而且就其一般目的仅仅在于增加财富而言,在我看来是有害的、招致灾难的。"[5] 这是对资本主义制度中严重劳动异化现象的直接批评和指责。马克思认为 "动物只是按照它所属的那个种的尺度和需要来建造,而人懂得按照任何一个种的尺度来进行生产,并且懂得处处都把内在的尺度运用于对象"[9]。而 "共产主义作为完成了的自然主义,等于人道主义,而作为完成了的人道主义,等于自然主义"[5],所以,要解决人与自然的不协调,首要问题是解决人与人之间关系的不协调,而社会主义制度则是解决这一病灶的良药。

二、西方对马克思、恩格斯"生态学思想"的阐释与拓展

20 世纪中叶世界性的生态危机带来了西方学界对环境保护问题的热议。起源于美国海洋生物学家蕾切尔·卡逊（Rachel Carson）的《寂静的春天》一书的"绿色运动"浩浩荡荡展开，随后探讨生态相关议题的"罗马俱乐部"宣告成立，群众性的"绿色游行"不断，生态马克思主义应运而生。发展至今，大体上经历了三个阶段：萌芽期［以赫伯特·马尔库塞（Herbert Marcuse）为代表］、确立期［以威廉·莱斯（William Leiss）和本·阿格尔（Ben Agger）为代表］、丰富发展期［以詹姆斯·奥康纳（James O'Connor）等为代表］[10]。

生态马克思主义萌芽期大体在 20 世纪 60 年代。1964 年，美籍犹太裔哲学家和社会学家赫伯特·马尔库塞在他的《单向度的人：发达工业社会意识形态研究》一书中对资本主义社会批判地指出，技术进步尽管提供给人更多自由条件，但也造成了人的单面人属性。在《反革命与造反》一书中，则更多地转向了对资本主义社会生态的批判。持此观点的还有民主德国统一社会党党员鲁道夫·巴赫罗（Rudolf Bahro）和波兰共产党意识形态负责人亚当·沙夫（Adam Schaff）的相关"绿色"主张。尽管这些批判思维没有直指资本主义制度弊端，但对生态危机的抨击观点已然为生态马克思主义的形成奠定了基础。

生态马克思主义确立期大体在 20 世纪七八十年代。加拿大著名学者威廉·莱斯在 1972 年出版的《自然的控制》著作中指出，人对自然的控制和对人的统治都是靠科学技术实现的，然而这种控制和统治是生态危机的根源，当人类将目标设定为占有全部自然以满足永不知足的欲望时，将会导致生产无限扩大并最终导致人类自我毁灭；在 1976 年出版的《满足的限度》一书中，他更加明确地提出了解决生态危机，必须构建一种新的"稳态经济"，以缩减资本主义生产能力，重新评价并提出需改变人的现行消费方式，调整人与自然的关系，从而实现新发展，雏形的生态社会主义主张崭露头角。1979 年，美国得克萨斯州立大学本·阿格尔教授在他的《西方马克思主义概论》中第一次运用了"生态马克思主义"这一概念，他将马克思主义与生态学相结合，并深化了威廉·莱斯的学说，得到了广泛认可，标志着生态马克思主义确立为理论而存在。他认为资本主义生态危机是由消费异化引发的，且无产阶级的消费观和消费方式也负有不可推卸的责任[10]，同时他还立足于生态危机对资本主义制度进行批判。

生态马克思主义的丰富发展期大体在 20 世纪 90 年代。主要代表观点有三：一是詹姆斯·奥康纳的双重危机理论。随着 20 世纪 90 年代的全球生态环境危机爆发，詹姆斯·奥康纳博士在 1997 年出版的《自然的理由——生态学马克思主义研究》一书中，运用马克思主义的基本理论和观点对资本主义生态危机进

行了剖析，认为资本主义社会除了生产力与生产关系之间的第一类矛盾外，还存在着生产力、生产关系与资本主义生产条件之间的第二类矛盾。这两类矛盾的相互依存和相互作用进而形成资本主义的双重危机（即经济危机和生态危机）。造成双重危机的原因是资本积累及由此造成的全球范围内的发展失衡[1]。二是乔尔·科威尔（Joel Kovel）的生态社会主义革命和建设理论。乔尔·科威尔在2002年出版的《自然的敌人：资本主义的终结还是世界的毁灭？》一书中，指出"资本主义是一个自私自利的社会制度，坚持人类对包括自然在内的世界万物的至上权力"[11]，他认为对利益追逐的本性导致资本主义的生态危机，用任何改良资本主义的思想和方法都无法解决这一问题，因此，他提出应消灭交换价值使使用价值得以解放，从而克服劳动与劳动产品分离、劳动与生产资料分离，使劳动从资本的锁链中得以解脱，劳动力从虚假的需求中得以解脱以发挥其真正的潜能。他还认为，生态社会主义应坚持社会主义公有制、坚持计划与市场相结合的生产与分配制度、坚持在全球范围内实现生态社会主义，而这三项坚持的前提条件是生产资料的公共所有和劳动者的自由联合体[1]。三是保罗·伯克特（Paul Burkett）和约翰·贝拉米·福斯特（John Bellamy Foster）关于马克思的生态学理论构建。他们的观点是对生态马克思主义研究的本质回归。尽管在此之前的相关研究均认为马克思主义相关理论对解决资本主义生态危机具有借鉴和指导作用，但是都没有直接承认甚至有些否定马克思主义中所蕴含的生态学思想[1]。而保罗·伯克特和约翰·贝拉米·福斯特则对马克思主义的世界观给予高度评价。保罗·伯克特博士在1998年出版的《马克思与自然》一书中认为，马克思主义中有关共产主义社会的公有制、计划经济强调使用价值和自然的内在价值、生产和消费方式、民主和公平的社会结构等内容，都契合了生态价值观念。约翰·贝拉米·福斯特在2000年出版的《马克思的生态学——唯物主义与自然》一书中，首次提出了"马克思的生态学"概念，并在马克思与生态学之间建立了直接联系。

三、我国学者对以上两个层面的梳理与再阐释

20世纪90年代，随着我国生态环境恶化趋势的加重，生态马克思主义相关研究逐渐引起了关注。当前我国对生态马克思主义的研究大多还停留在对西方生态马克思主义的梳理和解读。本书采用西方生态马克思主义相关论断和观点探讨关于生态危机的根源与解决路径，与我国现实相结合，从理论上探讨了我国生态、可持续发展等问题。尽管探讨仍处于较为初级的阶段，但有些理念是达成共识的。第一，尽管已有文献对生态马克思主义和马克思主义中的生态学思想的概念认知

不一致①，但对马克思主义解决生态危机具有很好的指导作用和理论价值已达成一致，如经典马克思主义中的人与自然关系理论、经济危机理论等。第二，生态马克思主义以生态问题为切入点，继承了对资本主义社会惯有的批判思维[12]。将生态危机根源归纳为资本主义社会制度本身的劣根性。第三，生态危机是生产关系推动生产力发展的消极结果，先进生产力只有掌握先进生产关系，才能实现生产力和生产关系的和谐，而这种先进生产关系需要设定生产力张力的界限[12]。第四，消费异化是由劳动异化和资本主义社会异化造成的，消费异化可通过鼓励生态理性超越经济理性，在满足人们物质需求方面强调品质[13]。第五，通过调整人与人之间的关系以调整人与自然之间的关系，生态马克思主义最终的社会组织理想和理论归宿应为生态社会主义社会[13]。

第二节　"绿水青山就是金山银山"理论内涵

建设生态文明是关系人民福祉、关乎民族未来的大计，是实现中华民族伟大复兴的中国梦的重要内容。从生态马克思主义视角，正确领会和理解"绿水青山就是金山银山"理论②内涵，对我国新时代中国特色社会主义建设中，推进生态文明、促进乡村振兴、实现共同富裕具有重要的现实意义，对破解发展中人与自然、人与人、生产力与生产关系等一系列协调发展难题，具有重要的理论意义。

一、"两山"理论是以生态马克思主义为指导思想提出的

第一，"两山"理论是生态马克思主义在实践中的内在要求和现实体现。生态马克思主义要求人与自然能够实现本质的统一。"绿水青山"代表人类期望的美好生态环境，是自然中所蕴含的资源；"金山银山"代表人类追求的物质财富，是人类社会进步与发展的主要表现形式。"绿水青山就是金山银山"则充分体现了人与自然的有机统一，充分尊重自然的"绿水青山"才能获得"金山银山"的人的全面发展，是符合生态马克思主义内在要求的，是符合人类社会根本利益的，更是社会主义社会发展的基本要求。

第二，"两山"理论较好地展现了劳动在人与自然辩证统一关系中的重要作用。"两山"理论中维护"绿水青山"是劳动的一种体现方式，"金山银山"是人类劳动对原始自然进行改造的最佳结果，通过人类劳动使其演变成人类"舒适家园"，

---

① 尽管国内对生态马克思主义、生态社会主义、马克思主义的生态学思想等内涵理解上存在不同观点，本书将这些统称为生态马克思主义，将这种不同归纳为不同发展阶段的表现形式。

② "绿水青山就是金山银山"理论后面统一简称为"两山"理论。

人类通过劳动创造财富在"绿水青山"上实现"金山银山"。"两山"理论中对劳动的认知是科学的、符合自然规律的，我们必须树立与自然和平共处的生态马克思主义思想，坚持"两山"发展理念，实现中华民族的持续、健康发展。

第三，"两山"理论与生态马克思主义具有内在一致性。"两山"的基本含义就是通过改善、维护和修复"绿水青山"以实现"金山银山"的自然、人和社会的和谐发展。在这个过程中，自然是关键，是人和社会赖以生存的环境；人是主体，是实现和谐发展的具有主观能动性的实施者；社会的进步在于人和自然的和谐统一，在于人能够发挥其智慧将"绿水青山"变成"金山银山"。由此可见，"两山"理论与生态马克思主义思想本质上都在谋求人与自然的和谐发展，具有内在一致性。

二、"两山"理论是生态马克思主义中国化的智慧结晶

第一，"两山"理论是在总结我国生态建设阶段性特点和历史发展趋势的基础上提出的。"两山"理论体现了我国的发展阶段论。发展是硬道理，是人类永恒的主题。但不同发展阶段面临的问题是不同的，这就需要科学地认识、把握和解决不同发展阶段中的问题。第一个阶段是用"绿水青山"去换"金山银山"，不考虑或者很少考虑环境的承载能力，一味索取资源。第二个阶段是既要"金山银山"，但是也要保住"绿水青山"，这时候经济发展和资源匮乏、环境恶化之间的矛盾开始凸显出来，人们意识到环境是我们生存发展的根本，要留得青山在，才能有柴烧。第三个阶段是认识到"绿水青山"可以源源不断地带来"金山银山"，"绿水青山"本身就是"金山银山"。显然第三个阶段是一种更高的境界，在解放生产力的基础上进一步提出保护、延续生产力，丰富了生态马克思主义关于生产力和生产关系的重要论断，体现了生态马克思主义的本质要求。

第二，"两山"理论是生态马克思主义同我国生态建设的具体实践相结合的产物。"两山"理论不是凭空产生的，是从我国国情出发，深刻研究我国环境与生态的特点和规律，并在实践中科学地总结和发展而来的。人类赖以生存的生态环境是极其敏感脆弱的，甚至是不可逆的，我国一些地区由于盲目开发、过度开发、无序开发，已经接近或超过资源环境承载能力的极限。这归根到底是经济发展方式问题，改善生态需要发展新型生产力、绿色生产力、可持续生产力，切实把绿色发展理念融入经济社会发展各方面，推进形成绿色生产力，从而推动"两山"理论诞生。"两山"理论就是用科学的分析来解决我国生态环境问题，是基于我国生态建设实际而做出的对人与自然关系的深刻诠释。

第三，"两山"理论是中国特色社会主义制度下的生态马克思主义的智慧结晶。党的十八届五中全会提出五大发展理念，其中的绿色发展就是以和谐、效率、可

持续作为经济增长目标与社会发展方式。这种绿色发展理念是"两山"理论的实践，是唯有中国特色社会主义制度才可以实现的发展理念，体现了中国特色社会主义生态文明理论。在中国特色社会主义进入新时代的今天，"两山"理论的实践离不开中国特色社会主义制度的大背景环境，因此，"两山"理论是新时代中国特色社会主义和生态马克思主义的完美结合，对解决我国当前的生态环境和社会发展问题具有很好的适用性、指导性和实践性。

三、"两山"理论是生态马克思主义思想的深化和具体化

第一，"两山"理论是对生态马克思主义的一种更高层面和更文明的生态认知。将"绿水青山"作为"金山银山"实现的前提，将"金山银山"作为"绿水青山"实现的路径，两者合二为一，将生态建设与经济发展看似矛盾的两个发展目标有机地结合，使生态建设的重要性提升至经济发展的高度，同时将这对矛盾机智化解，从相互对立的双方转化为内部统一的系统，这其中蕴含着更深层次的生态马克思主义理念。

第二，"两山"理论是生态马克思主义中人与自然辩证统一关系的较高层面的体现。在生态马克思主义中人与自然的关系、人与人的关系是两大主题，而人与人的关系处理好了可以解决人与自然和谐发展的问题。人既追求好的环境又需要现实财富，而"两山"理论中"绿水青山"等于"金山银山"将二者合一，将人类不同的需求有机结合统一在一个体系中，将人与自然的协调转化为人与人之间的协调。因此，在不遭到破坏的自然基础上获取人类发展，需解决好人与人之间的协调关系，这是符合生态马克思主义的"金山银山"的缔造，是符合生态马克思主义的合理的发展。

第三，"两山"理论是新时代生态马克思主义解决生产力和生产关系的创新理念。保护环境就是保护生产力，改善环境就是发展生产力，而当前的修复环境则是延续生产力。随着我国经济发展水平的提高，单纯地"解放和发展生产力"已经无法满足社会发展的要求，日益消耗的不可再生资源和恶化的环境迫切要求对生产力的保护。生产力的保护、发展和延续均需要先进生产关系予以高度契合，这与"两山"理论的核心思想一致。生态马克思主义提到的先进生产关系需要设定生产力张力的界限，而在"两山"理论中，将"金山银山"所代表的生产关系具体化和局限化，"绿水青山"就是"金山银山"的最佳限制条件，一方面表达了在"金山银山"形成的过程中应利用"绿水青山"，另一方面还限制了只有在保障"绿水青山"的前提下才能真正实现"金山银山"。这是我国社会主义制度下先进生产关系的现实体现，只有在先进的社会制度下才能够实现生产力与生产关系的和谐发展。

第三节　生态马克思主义视角下"两山"理论实践启示

一、对人的意识的培养

生态价值观的改变或生态文明理念的培养是推进"两山"理论付诸高效实践时应把握的一项基本任务。生态马克思主义认为，自然界是人类生存和发展的母体，人类要像爱护自己的身体那样爱护自然。党的十八大报告把培育"尊重自然、顺应自然、保护自然"意识作为推进生态文明建设的重要内容①。人是受到社会的熏陶和塑造的，进而以其行为再影响社会的发展方向，因此，一方面，我们应进一步树立全体社会成员的"两山"价值观和生态文明理念，正确引导全体社会成员将这种价值观和理念转化为自觉行动，进而形成良性循环的生态文明建设；另一方面，进一步加强"两山"理论实践过程中的制度建设，构建有利于"两山"价值观和生态文明理念的制度以约束与培育人才，还可以积极把那些意识先驱者的先进思想、言行制度化，实现对全体社会成员的行为规范，进而促进全体社会成员思想和行动的统一，为我国"两山"理论的实践提供可持续的内在动力。

二、改变生产方式，关键在于创建一种新的人的生活方式

生态马克思主义倡导的生态文明建设根本解决路径是创建新的人的生活方式，把建设生态文明和创建新的人的生活方式有机结合，以解决我们所面临的生态环境与发展的问题。具体到"两山"理论，应从以下两个方面着手：一是顶层设计，把"绿水青山"变成"金山银山"，涉及思维方式、发展方式、生产生活方式等全方位的转变，在探索实践过程中，需要顶层设计持续不断的、明确具体的引导和支持。构建确保人与自然和谐的长效机制，包括干部任用选拔中的绿色政绩考评体系、生态环境补偿机制、绿色国内生产总值（gross domestic product，GDP）等，促进生态文明建设长效发展。二是凝聚社会力量，切实转变经济发展方式，促使企业承担更多的社会责任。社会力量在生态建设和经济发展中的作用不容忽视，正确引导和规范社会力量在"两山"理论实践中发挥正能量，采取购买服务、科技研发、产学研相结合等方式，使市场通过社会力量转化为推动"绿水青山"转变为"金山银山"的原动力。对生态产业的发展给予各方面的鼓励和扶持，如完善土地承包使用、生态农业、生态旅游、盘活资源资产化相关机制，以促进"绿水青山"向"金山银山"转化。

---

① 资料来源：http://www.gov.cn/ldhd/2012-11/17/content_2268826_5.htm，2018 年 11 月 17 日。

三、充分发挥社会主义制度的优势

生态马克思主义观点认为，资本主义的制度和生产方式是生态危机产生的根源。因此，我国应充分发挥社会主义制度的优势，坚持运用马克思主义的世界观和方法论来解决当前面临的生态问题。我们的生态问题根源在于生产力和生产关系还存在不适应的薄弱环节。具体到"两山"实践中，一方面，要强调社会的计划性，强调将计划和市场相结合，市场在"两山"践行中应发挥有限理性的作用，即通过以生态文明为核心的生产过程来实现，而计划则应发挥指导性作用，通过引导和完善市场行为以实现"两山"理论的真正落地生根；另一方面，我国当前处于中国特色社会主义新时代，坚定共产主义制度是实现人与自然和谐发展的根本的生态马克思主义信念。继续挖掘适应我国国情的、具有中国特色的生态马克思主义践行路径，在建设生态文明的过程中充分发挥社会主义制度的优势，实现人与自然的和谐发展。

"两山"理论作为生态文明建设理论的核心内容，是实现我国发展理念、发展思路和发展路径的与时俱进，是实现人与自然协调发展的时代创新。"两山"理论既继承了生态马克思主义相关理论，又蕴含着适合我国新时代发展要求的绿色发展新理念，是生态马克思主义在中国实践的智慧结晶，是对生态马克思主义的进一步发展和深化。因此，这一重要思想和理论，作为实现中华民族伟大复兴的中国梦和全面建成小康社会的重要指引，必将全面融汇、贯穿在我国经济社会发展进程的各个领域，以绿色发展实现国家更强、人民更富、人与自然和谐发展的新局面。

第二章　林业与社会经济的协调和可持续发展

第一节　林业可持续发展

自 20 世纪 90 年代末开始，林业可持续发展理论得到广泛重视和认同。林业可持续发展将可持续发展理论应用于林业领域，给予林业一个全新的方向。本章从林业可持续发展的基本概念、特征、目标、指导思想、基本原则和发展基本条件等方面进行了深入阐述。本书本着以森林生态系统为基础，承认生态效益价值的基础上，追求林业经济有发展的增长，树立谋求社会全面进步的指导思想，实现林业经济增长、改善增长质量、满足人类林业需求、保护林业自然资源基础、开发林业人力资源、把握林业技术发展方向和协调林业经济生态决策等目标。本书最后讨论了实现林业可持续发展的制度、政策、伦理、度量和信息系统五大条件。

一、林业可持续发展基本概念、特征和目标

（一）林业可持续发展基本概念

林业的经济增长是指林业经济生产能力的增加，一般用占国民生产总值（gross national product，GNP）的比例来衡量，主要指标是林木生长量及其产值、木材采伐量及其产值、各种木材加工产品的产量及其产值、各种非木林产品的产量及其产值等。同传统经济学一样，资本、分工、投资、劳动生产率、技术进步、创新、体制等，也被认为是林业经济增长的源泉和动力。在这个阶段，森林主要是被视作一种经济资源。

林业的"可持续性"（或叫林业的可持续状态）就是林业的自然资源、经济资源和社会资源得以管理与发展，以为无限时段内的未来维持机会，以便既满足当代人的林业需求，又不损害后代人满足其林业需求的能力[14, 15]。在这里，自然资源主要是指森林生态系统，其中特别关键的是在国土上构建了森林生态大系统的基础上，进而保持林地的生产潜力和生物多样性都不随时间而下降；经济资源是指林业人造资本（但经济林和工业人工林，既有人造成分又有天然成分，列入自然资本还是列入人造资本，没有定论）；社会资源是指人力资源、智力资源、制度

与管理资源等。在林业的经济增长中，不同资源之间的替代是允许的，但天然林资源特别是热带森林不应被任何其他资源所替代。

　　林业可持续发展，就是"既满足当代人的林业需求，又不对后代人满足其林业需求的能力构成危害的林业发展"。在这里，前面描述的是林业的可持续性，是对林业发展的属性的界定，其中所强调的"能力"，是指林业的自然资源、经济资源和社会资源存量都不随时间而下降。这样来定义林业可持续发展，既包含了发展的含义，又包含了可持续性的含义，同时界定了发展的部门特性。

（二）林业可持续发展特征和目标

　　林业可持续发展的主要特征有：发展有持久性、发展有动态性、发展有协调性、发展有综合性、发展有可行性。动态性是说可持续的林业发展是一个过程，不同的时期有不同的社会经济需求和不同的发展内容。综合性是指这种发展包括林业生态问题、林业经济问题和林业社会问题。

　　林业可持续发展的主要目标是：谋求林业经济的增长、改善林业经济增长的质量、满足人类在总量和结构上的林业需求、保护林业的自然资源基础、开发林业的人力资源、把握林业的技术发展方向、协调林业的经济生态决策。

二、林业可持续发展指导思想和基本原则

　　林业可持续发展的指导思想是基于生态马克思主义衍生而来的，在我国具有较好的适用性，为我国林业可持续发展起到了很好的指导作用。

　　（1）林业可持续发展追求林业经济增长，规避无发展的增长。林业可持续发展的重要任务仍然是实现林业经济增长，但要达到的是具有可持续意义的经济增长，力避"无发展的增长"。依靠科学技术进步，采取科学的经济增长方式才是可持续的。

　　（2）林业可持续发展以森林生态系统为基础，包括林业经济增长在内的经济和社会发展对森林的利用，不能超越森林生态系统的承载能力。这里所说的"利用"包括木材生产和各种生态利用。

　　（3）林业可持续发展承认森林生态效益的价值。这是与传统的林业经济发展在理念上的根本区别。按照这一新理念，经济和社会对森林生态资源的利用，应当付出成本，林业经营主体应当获得生产生态效益的经济补偿。

　　（4）林业可持续发展谋求社会的全面进步。在人类可持续发展系统中，经济发展是基础，自然生态保护是条件，社会进步才是目的。

　　林业可持续发展过程中应遵循以下原则。

（1）公平性原则：主要是代内公平和代际公平，也就是要给后代人以公平利用林业资源的权利。

（2）持续性原则：林业的经济增长必须充分考虑森林的承载能力。如果一种经营模式变成了满足需求的能力的约束，就要创造另一种打破这种约束的模式。森林的分类经营就是这样提出的。

（3）公益性原则：森林的生态服务属公共物品，没有区界和国界，因此林业可持续发展需要全流域和全球共同行动。

（4）需求性原则：林业可持续发展面对的是各类经济需求、各类环境需求和各类社会效益的需求。而且这些需求仍在发生结构上的细化和总量上的扩张。林业可持续发展面对的就是满足这种系统性的需求[16]。

三、林业可持续发展基本条件

上述目标、原则和思想还不能构成林业可持续发展理论的完整框架，还需有一些必要条件。

（一）林业可持续发展的制度保障——环境经济制度

林业可持续发展要求对传统林业经济制度进行各种修正，其中主要是：①建立绿色国民经济核算制度和森林资源账户体系；②建立环境资源价值体系；③建立可持续收入的概念；④建立绿色投资评估体系；等等。

（二）林业可持续发展的政策体系——绿色林业政策

绿色林业政策应包括可持续的森林资源利用政策（可用量及进入经济系统的条件）、森林资源的配置政策（在经济系统中的配置原则）、森林资源的价值与价格政策、森林资源的产权政策、纠正森林与林业的外部不经济及"市场失灵"的政策、森林资源的绿色消费政策等。

（三）林业可持续发展的伦理基础——环境伦理观

《自然资源与环境经济学》一书的作者罗杰·珀曼（Roger Perman）等和其他许多学者认为，从本质上讲，主张在可持续性的基础上开展经济活动，这其实是个伦理问题，即现代人对未来人负有的伦理上的义务，和人类对人类以外的生物所应具备的伦理上的义务（这种义务意味着人类的一切行为方式不能剥夺其他生物在地球上生存的权利)。因此,可持续发展就是用一种环境伦理观支配下的组织行为方式去实现这样的目标。也有一些学者指出,可持续性其实是一种能力和共识的构建,他们认为,不能将实现可持续发展简单地看成技术问题,仅考虑可持续性的必要条件和足够条件是无益的。近些年来,不少学者专门研究了可持续发展中的伦理问题,发展了一门"环境伦理学"。

(四)林业可持续发展的度量手段——可持续发展评价指标体系

构建可持续发展评价指标体系,首先要确定整个评价指标体系的概念框架。可持续发展的核心是要求社会、经济、资源、环境的发展相协调,可持续发展评价指标体系必须体现这一主导思想。评价指标体系实际上是一种政策导向,影响各方面的思想行为。评价指标体系的设计必须要与转变经济增长方式相适应,与我国经济发展战略相适应。

(五)林业可持续发展的信息系统——绿色国民经济核算体系

绿色国民经济核算体系是指以绿色 GDP 为核心指标的综合环境与经济核算体系,绿色国民经济核算体系适应可持续发展观的需要而产生,综合地反映了国民经济活动的成果与代价。GDP 代表着目前世界通行的国民经济核算体系,是衡量一个国家发展程度的统一标准。而绿色 GDP 就是在 GDP 的基础上,扣除经济发展所引起的资源耗减成本和环境损失的代价。因此,绿色 GDP 在一定程度上反映了经济与环境之间的相互作用,是反映可持续发展的重要指标之一。

林业可持续发展理论对我国森林质量相关问题的深入探讨具有很重要的理论和实践意义,主要体现在以下几个方面。

第一,森林质量社会经济影响因素分析的最终目标是在社会经济快速发展的前提下,实现资源的可持续利用与管理,以达到森林的可持续发展。如何实现这一目标,则是林业可持续发展理论中探讨的主要问题之一,也是林业可持续发展实现目标之一。正确认识和理解林业可持续发展理论,在很大程度上决定着我国森林可持续发展的利用方式和管理模式,进而决定着森林质量的改善和社会经济发展方式之间内在矛盾的有效解决途径。因此,可以说林业可持续发展理论是本书的基本理论立足点,对本书起着极为重要的理论导向作用。

第二,林业可持续发展的公平性、持续性、公益性及需求性等原则,为森林质量改善过程中存在的社会经济方面的问题的解决提供重要的理论支撑。森林作为一种公共物品,其经营和利用应遵循一定原则才能真正实现森林的可持续发展与森林质量的稳步提高。

第三，在改善森林质量的对策研究中，我们需要从不同方面提出改善途径，这就需要林业可持续发展理论来给予支撑。从实现林业可持续发展所需条件来看，实现森林可持续经营与利用和森林质量的有效改善也同样需要以这些必需条件作为立足点，从而提出更为合理、有效的改善森林质量的对策。

第二节　可持续经济增长

一、经济增长要素的多元化

经济增长思想和理论是不同历史时期经济学家（智者、思想家）对当时社会条件下经济增长问题的思考与解释。纵观经济增长思想和理论的发展，我们不难看出，影响经济增长的要素很多，且在不同社会经济发展时期，影响经济增长的要素是在不断演变的。通过分析这些经济增长思想和理论对要素的讨论，能够使我们更进一步理解经济增长方式和发展规律，也为当前经济增长问题的研究奠定理论基础[17]。

（一）劳动和土地两要素阶段

17 世纪中期古典经济学早期，威廉·配第是在研究税基问题时讨论收入和财富的，并在核算国民收支差额时发现了劳动的价值，因此认为"劳动和土地"是构成财富的两个要素。重农学派的理查德·坎蒂隆（Richard Cantillon）强调，"土地是一切财富的本源或实质，而劳动是生产财富的形式或方式"。与他相近，弗朗斯瓦·魁奈（Francois Quesnay）也认为，所有的产业中"只有农业才是满足人们需要的财富的来源"，因为"只有土地的产品才是原始的、纯粹得到的、经常在更新的财富"。同时弗朗斯瓦·魁奈认为劳动才能创造产品价值，"未开垦的土地，没有任何实际的价值，只有通过劳动才能使其具有价值"。

（二）劳动、土地和资本三要素阶段

18 世纪 60 年代，英国工业革命带来了人们思想观念和生活方式的改变，大量农村人口涌向城市，推动了城镇化进程，人类开始从农业文明走向工业文明。在这一背景下，让·巴蒂斯特·萨伊（Jean-Baptiste Say）提出了对经济增长理论研究具有重大影响的"生产三要素论"。他认为效用是劳动、土地和资本这三个要素共同作用的结果，所谓生产，也就是这三个要素共同协作，使自然界已有的各种物质能用来满足人们的需要。

19 世纪末，经济短期萧条和周期性波动是西方资本主义国家面临的主要问题，严重制约经济增长。因此，20 世纪上半叶的经济增长理论主要针对短期经济增长问题。罗伊·哈罗德（Roy Harold）和埃弗塞·多马（Evsey D. Domar）认为，经济稳定增长的条件是实际增长率（G_a）、有保证的增长率（G_w）和自然增长率（G_n）相等，即 $G_a = G_w = G_n$；强调了资本在经济增长中的重要作用。

（三）劳动、土地、资本和技术进步四要素阶段

罗伊·哈罗德和埃弗塞·多马在强调了资本在经济增长中的重要作用后，认为经济稳定增长的理想状态在资本主义制度下很难达到，因而经济萧条和周期性波动很难避免。针对这一问题，罗伯特·索洛（Robert M. Solow）和特雷沃·斯旺（Trevor W. Swan）提出了技术进步是影响经济增长的一个重要因素，并认为经济稳定增长的条件是资本与劳动可以相互替代，技术进步不影响资本—劳动比率，而作为单独的影响因素对经济增长产生作用。

自 20 世纪 80 年代中期以来，以保罗·罗默（Paul M. Romer）和罗伯特·卢卡斯（Robert E. Lucas）为代表的"新增长理论"出现。新增长理论的重要内容之一是把新古典增长模型中的"劳动力"的定义扩大为人力资本投资，即人力不仅包括绝对的劳动力数量和该国所处的平均技术水平，还包括劳动力的教育水平、生产技能训练和相互协作能力的培养等，这些统称为"人力资本"。美国经济学家保罗·罗默于 1990 年提出了技术进步内生增长模型，他在理论上第一次提出了技术进步内生增长模型，把经济增长建立在内生技术进步上[17]。

（四）劳动、土地、资本、技术进步、制度变迁等多要素阶段

20 世纪 70 年代，道格拉斯·诺斯（Douglass C. North）针对新古典增长模型所不能解释的历史反论，揭示了制度对经济发展的重要性。道格拉斯·诺斯认为，在影响人的行为决定、资源配置与经济绩效的诸因素中，市场机制的功能固然是重要的，但是，市场机制运行并非是尽善尽美的，因为市场机制本身难以克服"外在性"等问题。制度变迁理论认为，"外在性"在制度变迁的过程中是不可否认的事实，而产生"外在性"的根源则在于制度结构的不合理，因此，在考察市场行为者的利润最大化行为时，必须把制度因素列入考察范围。制度变迁理论强调，制度是内生变量，它对经济增长有着重大影响。

道格拉斯·诺斯认为，合理的制度可以提高生产效率，最终导致经济增长。他还指出，产业革命所包含的技术创新、规模经济、教育发展和资本等现象，其本身就是经济增长，或者说，产业革命并不是近代欧洲经济增长的

原因，而恰恰是其结果；近代欧洲经济增长真正的、决定性的原因是私有产权制度的确立。

现阶段，一些经济学家和学者们又对信息、人力资本等要素进行了分析，把这些因素纳入到经济增长的要素范畴内。

从古典经济学到新古典经济学，从以上对主流经济增长理论的分析可以看出，资源不是经济增长的决定因素，而且总是可以被替代。在哲学理论中，"资源问题"只是经济增长过程中"生产成本问题"，随着资源不断开采、利用，资源利用的成本也在不断增加。而对经济发展而言，资源数量的减少，结果只是成本增加了。然而随着技术、知识的进步，制度和体制的完善，这一资源利用成本的增加不足以成为经济增长和社会发展的最大阻碍。也就是说，社会进步、经济发展可以在很大程度上缓解资源利用的压力，社会经济发展和增长依然是技术、资本及制度问题，而不是"资源"问题[18, 19]。而这一过程的实现，则需要一个漫长的历史时期，甚至可能出现在社会经济发展的初期以资源的大量破坏为代价的发展阶段。

二、资源环境约束下的经济增长

20 世纪 60 年代以后，随着社会生产力和科学技术的飞速发展，人类改造自然的规模空前扩大，从大自然索取的资源越来越多，向大自然排放的废弃物也与日俱增，导致大量自然资源短缺、不断耗竭，环境污染与生态破坏日趋严重，资源与环境问题成为当前人类面临的重要问题之一，关系到全人类和子孙后代的利益，已构成制约未来经济社会发展的瓶颈。20 世纪 70 年代，考虑到石油输出国组织（Organization of the Petroleum Exporting Countries，OPEC）的挑战和罗马俱乐部的悲观论调，经济学家们就开始把能源与自然资源问题引入到新古典增长理论框架中，探讨在资源稀缺或不断耗竭条件下的经济可持续增长问题。

（一）早期研究成果

全球的工业化浪潮在给人类带来巨大物质财富的同时，也给人类带来了温室效应、资源短缺、水土流失和生态环境的全面恶化，能不能"既满足当代人的需求，又不危及后代人满足其需求的发展"是全人类面临的一个重大战略问题。

1. 有限增长理论

对资源环境约束下经济增长方式问题较为系统的论述出现在 1972 年以丹尼斯·梅多斯（Dennis Meadows）为代表的一批罗马俱乐部成员发表的一个研究报

告《增长的极限》中。该报告认为，影响和决定经济增长的主要因素有五个，即人口数量、粮食供应、自然资源、工业生产和污染。人口增长会引起粮食需求增加，经济增长会引起不可再生资源的耗竭和环境污染的加重。尽管该报告没有反对增长，但却主张对增长进行抑制。

2. 有分化增长理论

由于《增长的极限》遭到西方经济学界的许多批评和责难，罗马俱乐部又于 1974 年提出第二个报告，即由美国学者梅萨罗维克（Mihajlo D. Mesarovic）和德国学者爱德华·佩斯特尔（Edward Pestol）合作完成的《人类处于转折点》。这个报告改变了丹尼斯·梅多斯等把世界作为一个总体看待的观点，根据世界各地发展水平和资源分布不同，把世界分为十个区，建立了"多水平世界模型"，并认为在 20 世纪中期以前，可能会发生区域性崩溃，必须进行全球联合行动，把只是量的增加的无分化增长改变成像生物体的有机增长那样均衡、分化的增长[20]。

（二）末端治理理论：先污染后治理与边污染边治理

既然资源和环境的承载能力是有限的，而且发展是不可避免的，那么一个可行的办法就是在经济增长的同时把资源的消耗和环境的污染控制在尽可能低的水平上，这就是末端治理理论的主要思想。其主要的理论流派有：库兹涅茨曲线理论、庇古的外部效应内部化理论和科斯的产权理论。

1. 库兹涅茨曲线理论

美国经济学家桑福德·格鲁斯曼（Sanford J. Grossman）和阿兰·克鲁格（Alan B. Krueger）通过对 42 个国家横截面数据分析发现：在发展的较低阶段，经济活动和环境污染水平都较低；到了快速增长阶段，资源的耗费超过再生能力，导致环境恶化；在更高的发展阶段上，人们的环境意识和政府的管理能力提高了，污染产业停止生产或被转移，发展带来的积累可以用来治理环境，于是环境开始改善。这形成了一条环境污染水平先上升继而下降的倒"U"形曲线，与美国经济学家西蒙·史密斯·库兹涅茨（Simon Smith Kuznets）对收入分配状况的观察相似，所以被称为环境问题的库兹涅茨曲线[21]。按照国际上的一般经验，通常发达国家开始重视环境问题，并对此有所作为，是在人均 GDP 超过按 1985 年购买力平价法计算的 6000 美元的阶段，即 6000 美元是环境污染水平由上升到下降的转折点。这一理论的政策含义是"先污染后治理"，发达国家的工业化都是自觉或不自觉地按照这一模式进行的[22]。

2. 庇古的外部效应内部化理论

庇古的外部效应内部化理论认为，过度的环境污染是由企业生产的负的外在性，即厂商的行动是社会付出代价的负的外部效应造成的。厂商的生产成本实际上是由厂商的投入成本和外在成本组成的，外在成本主要体现为由于厂商的生产引起的环境质量的下降而产生其他厂商产量的下降和对社会居民健康造成的损害。如果厂商生产的外在成本由社会负担，当厂商按照边际收益等于边际成本的原则进行产量决策的时候，产出量必定会高于社会有效率的水平，这样，大量生产就会产生对环境的过度污染。一个有效的方法是对厂商征收排污费，使厂商的生产成本提高。当厂商按照利润最大化原则进行产量决策时，产量及污染水平就会保持在合意的水平上。庇古外部效应内部化理论在实践中得到了广泛的应用，如西方国家实行的可转让许可证制度，通过收取押金，提高生活垃圾的处理成本，增加再生供给等[23]。

3. 科斯的产权理论

排放费和可转让许可证之所以起作用是因为它们改变了对厂商的激励，但政府管制不是对付环境污染的唯一办法。在明确产权的情况下，可以通过受影响的各方私下讨价还价，或者通过一个各方可以起诉以补偿他们损失的法律制度来减少污染。例如，河流上游炼钢厂对河流的污染会对下游养鱼的居民造成损失，但如果能明确谁对河流有使用权——无论是炼钢厂还是居民，双方就可能通过协商来解决污染问题，当然也有可能达不成协议，但只要产权是明确的，双方就可以通过法律手段来解决问题，从而使受到损害的一方得到赔偿[23]。

上述三种理论也都有其局限性。库兹涅茨曲线理论只是一种经验观察的结果，尽管先行的工业化国家走的是先污染后治理的道路，但这一道路能否使工业化国家在资源环境约束下实现经济增长，以及在增长到一定水平时能否付得起治理成本，是一个有待考证的问题；庇古的外部效应内部化理论中提到的外部效应在很多时间中难以被内部化；此外，当产权难以界定（如洁净空气的拥有产权归属）或交易成本过大时，科斯的产权理论的有效性值得商榷。

尽管如此，上述三种理论在实践中却得到极其广泛的应用，并对遏止环境恶化的迅速扩大发挥了一定的积极作用。但随着知识经济时代的到来和人类赖以生存的自然资源逐渐由稀缺趋向枯竭，人们不得不重新考虑末端治理理论的局限性，而思考的结果便是循环经济理论的诞生。

三、循环经济的提出

循环经济起初是作为一个学术性概念出现的，它被用来从物质流角度阐释经济活动与环境问题之间的关系。首先提出循环经济（circular economy）一词的是英国环境经济学家戴维·皮尔斯（David Pears）。20 世纪 90 年代中期，循环经济开始作为实践性概念出现于德国，几乎同时，一些含义类似的概念也先后出现于其他发达国家，如日本的"循环社会"（recycling-based society）、美国的"产业生态学"（industrial ecology）等。

所谓循环经济，就是按照自然生态物质循环方式运行的经济模式，它要求用生态学规律来指导人类社会的经济活动。美国杜邦公司最早提出循环经济的"3R"（reduce，reuse，recycle）原则，即循环经济需要遵循减量化原则、再利用原则和资源化原则[24]。

减量化原则：要求用较少的原料和能源投入，来达到既定的生产目的或消费目的，在经济活动的源头就注意节约资源和减少污染，在生产中，减量化原则常常表现为要求产品体积小型化和产品质量轻型化。此外，也要求产品的包装简化及产品功能的增大化，以达到减少废弃物排放量的目的。

再利用原则：要求产品在完成其使用功能后尽可能重新变成可以重复利用的资源而不是有害的垃圾。即从原料制成成品，经过市场直到最后消费变成废物，又被引入新的"生产—消费—生产"的循环系统。

资源化原则：要求产品与包装器具能够以初始的形式被多次和反复使用，而不是一次性消费，同时要求系列产品和相关产品零部件及包装物兼容配套，产品更新换代时零部件及包装物不淘汰，可为新一代产品和相关产品再次使用。

第三章　对森林质量的认识过程及相关概念

第一节　林业发达国家对森林的认识发展过程

一、17 世纪至 18 世纪初的森林永续利用

近代以来，世界各国都在根据自身国情与林情探索开发森林。17、18 世纪，德国过量采伐原始林而出现的"木材危机"，促使世界各国林业工作者开始对过去的森林经营理念进行反思和探索。这一时期相继出现了"森林永续利用理论"、"法正林"学说和"木材培育论"等有代表性的森林经营理念[25]。"木材危机"使人们认识到森林也不是取之不尽、用之不竭的，只有在大力培育的基础上适度开发利用，才能使森林持续地为人类发展服务。这一时期，人类对森林的利用主要以木材加工为主，相应的森林经营理论与实践也只关注木材生产，对森林质量的认识仅停留在木材的高质量产出上。

二、18 世纪至 20 世纪初的近自然林业理论和森林多效益理论

18、19 世纪，德国营造了大面积云杉林和欧洲松林，虽然满足了人们对木材的需求，但出现了林分不稳定性和易遭受病虫害的问题。针对大面积人工纯林的各种弊端，19 世纪末和 20 世纪初，约翰·卡尔·盖耶尔（Johann Karl Gayer）与恩特雷思（Endres）先后提出了近自然林业理论和森林多效益理论[25]。近自然林业理论强调在进行森林培育时要营造混交林，要尽量接近森林的自然状态，充分发挥森林的自我恢复和自我调控功能。而森林多效益理论，不仅关注森林的经济功能，也开始重视森林其他功能的发挥。这些森林经营理论与实践对森林质量有了新的认识，也赋予了森林质量新的内涵，开始重视森林多效益的发挥。

三、20 世纪后的森林可持续经营理论

20 世纪 80 年代初，由于人类生存环境的恶化，以及随着经济发展人们对森林服务功能需求的日益增加，针对生态与经济需要的矛盾，美国林学家、华盛顿

大学教授本杰明·富兰克林（Benjamin Franklin）创立了新林业理论。新林业理论以景观生态学和森林生态学的原理为基础，并吸收了森林永续经营理论中的合理成分，主张将森林的生态功能和生产功能融为一体，森林的各种经营活动必须建立在对生态系统的维持和生物多样性保护的基础上。在新林业理论的基础上，又逐步形成了一条森林经营的生态学途径，即森林生态系统经营。1992 年 6 月 3 日，联合国在巴西的"里约中心"组织召开联合国环境与发展大会，更进一步确立了森林可持续经营与发展的地位。显而易见，这一时期的森林经营理论与实践更加关注森林生态系统功能最大程度的发挥，进而对森林质量内涵的理解更加丰富，对森林质量提出了更高要求，充分认识到，森林质量的高低是决定森林生态系统功能能否有效发挥的一个重要因素。

综上所述，不同经济发展阶段使人们对森林的主导利用方式各不相同，森林经营也从单纯的木材生产到培育森林的多种功能，再到生态优先和森林可持续经营，森林主导利用和经营理论与实践的变化都使森林质量内涵发生了巨大变化，更反映了人类对森林质量认识的转变。

第二节　我国对森林质量的认识发展过程

"绿水青山就是金山银山"这一思想不仅对我们在经济社会转型中推进生态文明、建设美丽乡村具有重要的实践指导意义，而且在理论上破解了发展中人对物质利益的追求与人赖以生存的环境生态的关系、环境生态与生产力的关系、环境生态与财富的关系等一系列难题，在人与自然的辩证关系这一历史唯物主义的基本问题上坚持和发展了马克思主义的发展理论。

我国林业发展及对森林质量的认识相对滞后于林业发达国家。但是，随着社会经济发展水平的不断提高，我国对森林质量的认识也在不断加深。中华人民共和国成立以来，我国林业发展大致经历了"用绿水青山去换金山银山""既要金山银山，也要绿水青山""绿水青山就是金山银山"三个阶段，不同阶段对森林质量的认识也在不断变化。下面将从这三个阶段出发，对我国森林质量的认识进行进一步的探讨。

一、"用绿水青山去换金山银山"发展阶段的森林质量

从中华人民共和国成立到 20 世纪 70 年代，我国林业处于以利用为主的时期。在中华人民共和国成立初期，我国走上了一条以木材生产为主的道路。正如梁希部长于 1952 年 7 月 8 日在东北林业部第一次林业工作会议暨成立大会上所讲的："从整个国家的总方针看：新中国必须从农业国变为工业国。……因此，在现阶段，

我们强调保证工业建设，是很自然的，是适合实际情况的，是适应国家人民的需要的。""采伐量配合生长量也是好的，但要看什么场合，不能机械地应用，国防和工业上必不可少的用材，还是应该采伐的……我赞成：把消极态度变为积极态度，更多的是照顾需要。"[26]

1952 年 11 月，全国林业会议上提出有计划地开发新林区。我国先后开发建设了东北的大小兴安岭、长白山、完达山，西南的金沙江、大渡河、雅砻江、岷江，西北的秦岭、白龙江、天山、阿尔泰山等 8 个省区市（除湖北外）国有林区和南方集体林区的一些林业重点县，在这些林区进行了大规模的基本建设。

这一阶段，发展经济是国家的首要任务，农业、工业和交通运输业的恢复与发展急需大量木材。林业的首要任务就是多生产木材，国有林区的开发一般采取"工业式"集中开发方式，即根据森林状况和运材线路延伸程度，以工段为单位实行逐沟逐坡的采伐。受长期封建统治和战乱的影响，我国的森林少，林业基础十分薄弱，当时的集中开发方式和大面积皆伐给森林带来了严重后果。

尽管这一阶段森林被大肆破坏，但同时国家也提出了一系列政策、法规和措施以改善森林状况。如 1949 年《中国人民政治协商会议共同纲领》做出了"保护森林，并有计划地发展林业"的规定。1950 年通过了《中华人民共和国土地改革法》，根据法律规定，各大行政区相应地制定了实施办法，很快在全国范围内确立了国有林和农民个体所有林两种林业所有制。1961 年，提出要执行"以人工更新为主，人工更新、促进更新和天然更新相结合的方针"。1962 年，提出："林业的经营要合理采伐，采育结合，越采越多，越采越好，青山常在，永续利用。"随后1964 年我国提出了"以营林为基础，采育结合，造管并举，综合利用，多种经营"的林业建设指导思想。

尽管这个林业建设的基本方针符合当时的中国国情、林情，对我国林业在经营思想上起到了指导作用。然而总体来看，这一阶段对森林的认识都主要停留在数量高低上。无论是木材生产利用，还是国家在对森林发展过程中提出的政策方针、法规措施，国家将对森林发展的主要关注点都集中在森林数量上，较高的森林覆盖率、较大的森林面积等这些数量指标成为衡量森林发展状况良好的主要标准，成为森林质量高的主要评价方面。

二、"既要金山银山，也要绿水青山"发展阶段的森林质量

中华人民共和国成立以来我国森林遭遇大破坏的严重后果——资源几乎

枯竭、水土流失严重等，引起了中央和社会各界的关注。20 世纪 70 年代末到 90 年代初，随着经济加速发展，我国进入了"木材生产与生态建设并重"的发展阶段，一方面继续大量生产木材，另一方面加强了对森林的保护以改善生态环境。

1976 年，黑龙江省森工系统生产建设总的布局形成，建立了 367 个主伐林场、250 处森林经营所（不包括大兴安岭林区），另有 106 个林场待建。大规模的林场扩充给森林带来了前所未有的破坏，有的为了完成木材生产任务，维持企业生存，不惜在中龄林内主伐，皆伐面积比重又重新大幅度上升，由 1964 年的 30%上升到 1976 年的 70%，皆伐面积由 1964 年的平均 10 公顷扩大到 1976 年的 30 公顷[26]。随着森林采伐范围的不断扩大，采伐作业开始转向边远山区、高山陡坡和条件较差的森林地带。一些地势较好、交通运输便利的森林地带，有的已采伐过两三遍。一些建局早的地方已面临"森林枯竭"的危困局面。森林的过量采伐给我国带来了严重的水土流失，生态环境问题日益严重。

这一时期，人们开始逐渐认识到林业既是一项重要的基础产业，又是一项重要的公益事业，同时兼有经济、生态、社会三大效益。基于这些认识，1978 年 11 月，党中央、国务院高瞻远瞩，决定在东北、华北、西北地区实施三北（以下简称"三北"）防护林体系建设工程。之后，国家又相继启动了长江中上游防护林、沿海防护林、防沙治沙、太行山绿化、平原绿化等林业重点生态工程。到 1998 年，先后根据不同情况和需要、按照不同程序启动了 17 项林业工程以改善生态环境。为抑制各地乱砍滥伐，缓解资源持续下降的趋势，1979 年 2 月，全国人大常委会原则通过了《中华人民共和国森林法（试行）》，该法明确规定"林业建设实行以营林为基础、造管并举、造多于伐、采育结合、综合利用的方针"，以减少对森林的破坏。此外，为加快后备森林资源培育，从 1978 年开始，国家每年拨专款用于用材林基地建设；1988 年批准建立速生丰产用材林基地；1990 年，国务院先后开展了一系列造林灭荒及绿化达标活动。

尽管这一时期国家已经意识到森林生态功能的重要性，并提出了一些措施积极改善森林状况，但从国家出台的各项政策法规不难看出，这一阶段对森林质量的认识仍停留在森林数量指标的提高和对木材产品的获取上，衡量森林质量高低和各项工程建设的预期目标及成效，都体现在森林覆盖率、森林面积等数量指标上，而真正涉及森林质量的指标微乎其微。因此，这一阶段的造林活动也带来了一系列问题，如有些地方造林带有一定的突击性，形成大面积低产林或小老头林，有些地方存在毁阔叶林、灌木林和针叶林，毁乡土树种，造外来树种的现象，一些地方树种结构不合理，针叶林、纯林多，阔叶林、混交林少，加大了火灾及病虫害的潜在危险，尽管森林在数量上有了大幅提高，但质量低下，生态效益并未完全得以发挥。

三、"绿水青山就是金山银山"发展阶段的森林质量

土地流失、森林覆盖面积锐减、草场退化、自然灾害加剧、空气污染和酸雨严重、水污染和缺水等生态环境问题[27]，未随着我国森林数量的快速增长而得以缓解，相反我国的生态环境呈现局部改善、整体恶化的状况。这使得人们不得不重新思考森林质量提高在改善生态环境方面的重要作用[28]。

20世纪90年代末，国家再次调整了林业建设方向，由上一阶段"木材生产与生态建设并重"转入"以生态建设为主"的发展阶段。社会经济的发展对林业提出了全新的要求，首先，森林作为陆地生态系统的主体，在提供生态服务方面的独特作用日益彰显，生态需求已成为社会对林业的主导需求；其次，人们对森林的消费需求，不再仅局限于狭隘的木材产品消费，还包括非木质林产品、保护生物多样性、保护自然文化遗产、发展森林文化、提高生态质量等多样化需求。

为改善我国生态环境，发展可持续林业，国务院批准了原国家林业局关于组织实施林业重点工程，加速生态建设的意见，决定集中力量实施天然林保护工程、"三北"和长江中下游地区等重点防护林建设工程、退耕还林还草工程、京津风沙源治理工程、野生动植物保护及自然保护区建设工程、重点地区速生丰产用材林基地建设工程六大重点工程。六大重点工程中有五个生态工程、一个资源培育工程，清楚地展示了对林业的新定位，即林业不仅是重要产业，更肩负生态建设主体的重任。

六大重点工程的全面启动，标志着国家逐渐开始由"木材生产与生态建设并重"的林业发展战略向"以生态建设为主"的发展战略转变，标志着我国的林业建设将实现由以产业为主向以公益事业为主、由无偿使用森林生态效益向有偿使用森林生态效益、由毁林开荒向退耕还林、由采伐天然林为主向采伐人工林为主、由部门办林业向社会办林业的五大历史转变，从而进入一个生态效益优先，生态效益、经济效益和社会效益兼顾的新的历史阶段。

与此同时，国家还采取了一系列措施，大力推进全国生态建设。特别是在1998年"三江"大水灾后，《中共中央、国务院关于灾后重建、整治江湖、兴修水利的若干意见》中，把"封山植树、退耕还林"放到了首位。党的十六大指出，森林是陆地生态系统的主体，林业是一项重要的公益事业和基础产业，林业不仅要满足社会对木材等林产品的多样化需求，更要承担改善生态状况、维护国家生态安全的重任①。这一系列的措施和行动，表明最大限度地发挥林业在改善生态环境中的作用，已上升为国民经济和社会发展对林业的首要需求，也表明对我国林业发展思路的重大战略性调整。

---

① 资料来源：http://cpc.people.com.cn/GB/64162/64168/64569/65444/4429125.html，2018年10月20日。

"以生态建设为主"林业发展战略地位的确立，在很大程度上表明我国已将森林的生态功能置于首位，而森林生态效益的有效发挥，不但取决于森林数量的增长，而且在很大程度上依赖于森林质量的提高。随着人们对森林质量重要性认识的不断提高，对森林多种效益中质量发挥重要作用意识的不断增强，社会各界提高森林质量的呼声也越来越高。

中国林业发展及对森林质量的认识相对滞后于林业发达国家。但是，随着社会经济发展水平的不断提高，我国对森林质量的认识也在不断加深。中华人民共和国成立之初，发展经济成为国家当时的首要任务，而林业的首要任务就是多生产木材，人们对森林数量增长的关注远大于对质量的关注。20 世纪 70 年代末到 90 年代初，随着经济加速发展，我国进入了"木材生产与生态建设并重"的发展阶段，一方面继续大量生产木材，另一方面加强了对森林的保护，受体制惯性和思想认识及国家财力等因素所限，虽然意识到森林生态功能的重要性，但是社会经济发展仍建立在对森林的大量消耗上，对森林质量的认识仍基本停留在对木材产品的获取上。随着人口增长、经济发展，人们对森林呈现出多样化需求，再加上我国生态环境恶化日趋加剧，社会对森林生态系统的重要作用有了新认识，充分认识到森林质量在保证木材产量供给、维护国家生态安全方面的重要作用，森林面积与森林覆盖率的提高是量的增长，森林生态功能和效益的最大化才是质的提高[25]。

第三节　森林质量的内涵及相关定义

对森林质量的科学界定，是本书后文的研究的基础。无论从林业发达国家对森林质量认识的变化来看，还是从我国对森林质量认识的变化来看，不同时期和不同社会经济发展阶段，人们对森林质量的认识是不断变化的。

一、森林的概念及分类

人类认识和利用自然资源的历史悠远，但对于什么是自然资源这样一个基本的科学概念，直到 20 世纪 70 年代才逐步形成，而且仍处在不断发展和完善过程中。1972 年联合国环境规划署（United Nations Environment Programme，UNEP）提出："所谓资源，特别是自然资源，是指在一定时间条件下，能够产生经济价值、提高当前和未来福利的自然环境因素的总称。"自然资源实质上是一个包含自然、社会经济的综合概念。人类社会一经出现，自然资源这个概念就出现了。所以，自然资源从一开始就表达着人与自然的关系。人与自然的关系随着人类社会的发展而发展，随着人类利用资源程度的发展而发展[29]。

作为一种重要的自然资源，森林的内涵也在随着社会经济技术发展水平的发展而不断扩大和加深。人类最初也仅是森林生态系统的一部分，从走出森林到不断扩大利用森林，人类也逐渐认清了森林在生态系统和经济系统中所发挥的重要作用，对森林的认识也一步步深化。

（一）森林的概念

不同国际组织、国家，同一国家的不同州或省，以及同一组织或国家在不同时期，为不同的目的，对森林的定义多达数百种[30]。且随着人类对自然界认识的深入，森林的定义越来越全面。

早期较有代表性的是 1958 年联合国粮食及农业组织（Food and Agriculture Organization of the United Nations，FAO）对森林的定义："凡是生长着任何大小林木为主的植物群落，不论采伐与否，只要具有木材或其他林产品的生产能力，并能影响气候和水文状况，或能庇护家畜和野兽的土地，都称为森林。"[31]我国1986 年颁布的《中华人民共和国森林法实施细则》规定："森林，包括竹林。林木，包括树木、竹子。林地，包括郁闭度 0.3①以上的乔木林地，疏林地，灌木林地，采伐迹地，火烧迹地，苗圃地和国家规划的宜林地。"而 2000 年颁布的《中华人民共和国森林法实施条例》第一章第二条规定："森林，包括乔木林和竹林。林木，包括树木和竹子。林地，包括郁闭度 0.2 以上的乔木林地以及竹林地、灌木林地、疏林地、采伐迹地、火烧迹地、未成林造林地、苗圃地和县级以上人民政府规划的宜林地。"[32, 33]

而在近些年的学术研究中，陶冶和苏世伟[34]认为，从系统的角度来看，森林是以木本植物为主体的生物生态系统。还有学者认为，森林是以乔木为主体，包括乔木、灌木、草被、苔藓，以及动物、微生物和土地、水、热、气等环境因素组成的自然综合体[35]。

综合以上各种定义，近些年的研究普遍认为，森林是陆地生态系统的主体，是以多年生木本植物为主体，包括乔木、灌木、地被物，以及林中的动物、微生物等组成的生物群落[36]。从不同时期对森林的定义不难看出，人们对森林的认识随着对自然界认识的深入而逐渐加深，森林的内涵也在不断扩大，人们对森林的认识也逐渐趋于完善。

（二）森林资源的概念

我国过去把森林资源仅仅理解为林木或林学上的概念，即林木与土地。随着

---

① 目前规定的是郁闭度 0.2。

生态环境的日益恶化，人类对森林资源的认识也在不断深化，森林资源概念也在逐渐趋于完善。

《中华人民共和国森林法实施细则》规定："森林资源，包括林地以及林区内野生的植物和动物。"《中华人民共和国森林法实施条例》第一章第二条规定："森林资源，包括森林、林木、林地以及依托森林、林木、林地生存的野生动物、植物和微生物。"[33]

可见，森林资源的范畴在我国已经从法律上得到了明确，其定义也有了较为明显的拓展。林地、林木资源构成了森林资源的主体，但随着人们对森林生态系统的了解及其生态效益重要性的认识，森林的生物多样性资源更是森林资源的不可缺少的部分。翟中齐[37]认为，森林资源概念的科学表述是：森林资源是以乔木、灌木为主体，由植物、动物、微生物组成的生物群落与自然环境相结合的综合体，能为社会提供木材和其他各种林产品、副特产品，并具有保护环境功能的地域（或称空间）。

（三）森林的分类

按不同的目的和经营目标，目前森林分类方法很多。森林按起源不同可分为天然林（natural forest）和人工林（plantation）。天然林是以自然力量生长的森林，没有经过人为助长；而人工林则主要是人为种植和助长的森林。森林起源不同，其自身质量、生物多样性和生态防护能力差别很大。天然林是生态系统功能最完善、最强大的森林，在防止水土流失、抑制土地沙化、减轻自然灾害等方面，其作用明显；而人工林由于其生长受人为干预，其生态系统功能在很大程度上受到影响，一般而言其所发挥的生态功能较天然林弱。

根据受干扰程度，森林可分为原始林（primary forest）和天然次生林（secondary forest）。原始林是指尚未经过人为的开发利用、未经过人类的力量去生成的森林；天然次生林是指植物社会在演替的过程中遭受破坏、地表裸露、再度形成的森林。

以森林作用来划分，将森林分为防护林、用材林、经济林、薪炭林和特种用途林五大类。防护林主要是指以防护为主要目的的森林、林木和灌木丛，包括水源涵养林，水土保持林，防风固沙林，农田、牧场防护林，护岸林，护路林；用材林主要是指以生产木材为主要目的的森林和林木，包括以生产竹材为主要目的的竹林；经济林指以生产果品，食用油料、饮料、调料，工业原料和药材等为主要目的的林木；薪炭林指以生产燃料为主要目的的林木；特种用途林指以国防、环境保护、科学实验等为主要目的的森林和林木，包括国防林、实验林、母树林、环境保护林、风景林、名胜古迹和革命纪念地的林木，自然保护区的森林[38]。

此外，还有一些其他分类，如按土地权属可将森林分为国有林和集体林；按功能可分为经济林和公益林[39, 40]；按龄组结构分为幼龄林、中龄林、近熟林、成熟林和过熟林等[41]。

国际上对森林（资源）的统计包括三类：一是未经干扰的森林（原始林）；二是由人类通过利用与管理改变了的天然林（或称半天然林，semi-natural forest）；三是人工营建的森林，即人工林[42]。

国内研究大多没有严格区分森林和森林资源的分类。从目前对森林资源的分类来看，基本上都是将森林资源分为物质资源和非物质资源。物质资源中包含林木资源、土地资源和野生生物资源；非物质资源中包括森林景观服务、生态服务和社会服务[43]。

二、森林质量的概念

森林覆盖率的提高是量的增长，森林生态功能和效益的最大化才是质的提高[25]。森林质量是由森林构成状态、森林生产力和森林生物多样性等森林本身的各项指标决定的[44]。单位面积蓄积量和林种树种结构是目前提到森林质量时使用较为广泛的两类指标[45-47]，森林郁闭度[48-50]、单位面积生长量[48, 49]、林龄结构、林分平均胸径[50, 51]、优势树种组成[51, 52]是在全国和区域森林质量探讨中使用次数较多的指标。用材林成熟林、用材林过熟林的面积、蓄积量[53]，用材林林分株数结构及大、中、小径级比例[54]，林木直径，径级分布，森林自然度，林地利用率[51]，林木平均生长率，人工林林分面积，幼龄林、中龄林面积及其占人工林林分面积比率[49]，近熟林、成熟林、过熟林的面积和蓄积，幼龄林、中龄林的面积和蓄积，森林的平均年龄、平均树高[46]，病虫危害程度[48]等指标在各地区森林质量相关研究分析中有所涉及。

尽管森林质量的重要作用日益凸显，但目前对森林质量的专门研究相对较少，对森林质量内涵也缺乏重新认识和统一的界定，各研究者都是根据自身研究需要，选定符合自身研究的指标或方面来反映森林质量。众所周知，质量较好的产品为人类提供的使用价值和价值要远高于那些质量较差的产品，森林亦是如此。高质量的森林在满足人类物质和非物质需求方面所发挥的作用一定高于质量较低的森林。然而何谓质量高的森林，何谓质量差的森林？这些问题的产生要求我们对森林质量有一个较为清晰明确的认识。

根据韦氏国际词典[55]，质量（quality）一词是一个衍生于拉丁文 qualitas 的名词，意指什么性质（what kind）。其用法和定义主要包括以下四个方面：①本质的特性，即本质或性质；②某种与众不同的内在的特性或属性，即特性或长处（优点）；③某种特性的地位或作用，即能力；④卓越的程度。《新华字典》对"质量"一词的准确释义为："质量是指产品或工作的优劣程度。"综合以上国内外对"质量"一词的解释，不难发现，其释义主要包括两个方面：一是指事物的本质特性的优劣；二是指事物优的方面。本书中的"质量"主要是前者，我们可以将"质量"的定义理解为："实体满足规定或潜在需要的特性总和，其本质特性的优劣程度。"

从以上对森林、森林资源及森林质量等基本概念的认识，森林质量可理解为森林所具有的固有特性能够满足规定或潜在需要的程度，即森林自身特性能够满足人类需求的优劣程度。在此，我们可商榷性地将森林质量定义为：森林为人类提供的大量有形和无形物质的内在本质特性，以及这些特性可以发挥作用的能力及优劣程度。例如，在计算出材率时，成熟林、过熟林的质量就高于幼龄林的质量，因为前者单位面积蓄积量远高于后者；在发挥森林生态效益、保护环境方面，具有较好林木结构的天然林质量必然高于那些树种单一的"小老头"人工林质量。

从这个定义我们不难看出，衡量森林质量优劣的指标主要以木材产量为标准，仅体现在其提供木材等有形物质的经济效益的发挥上，而忽视了森林生态、社会经济等综合效益的有效发挥。

三、森林质量的内涵

随着经济的不断发展和森林可持续经营进程的不断加快，森林质量不仅日益受到学者、公众和社会的关注，其内涵也更加丰富。森林本身是一个复杂的生态系统，因此，森林质量的内涵也应该从多个角度去理解和衡量。从以上定义不难看出，森林的质量不仅取决于其自身林木的特性，还取决于森林林木特性带来的生态环境、社会经济等一系列有形和无形效益，因此，结合达德里对森林质量评价的三个方面，考虑到我国森林质量本身所具有的特性，本书从生物学质量、社会经济学质量及环境学质量三个方面对森林质量进行内涵分析。而无论是生物学质量、社会经济学质量还是环境学质量，它们的高低和改善与否均可以通过各种功能所发挥的效益间接得以反映，如直接评价森林环境学质量比较困难，我们可以通过森林环境效益所带来的成果来间接反映森林环境学质量的高低。

（一）森林生物学质量

森林生物学质量主要是指森林树木生长过程中，林木自身的特征和变化所具有的内在本质特性。这种特性是森林的内在质量，是独立于人类对森林产品和服务功能需求之外的，主要体现在森林生产力、胸高、树径、构成状况、龄组结构等自身特性方面的变化。

森林生物学质量的高低是森林质量高低的基础和关键所在，直接影响着森林社会经济学质量和环境学质量的高低，与人类生活的许多方面都有着非常密切的关系。较高的森林生物学质量才可以为人类提供更多的有形和无形价值，才可以使森林在社会经济和生态环境方面的作用得以良好体现。因此，只有注重森林生物学质量，才可以使我国森林质量从根本上得以提高，使我国森林得以可持续发展。

（二）森林社会经济学质量

作为人类社会经济发展的物质基础，森林可以为人类提供大量木材产品、建筑用材、食物等有形物质，有些树种还具有药用价值，此外，森林还可以为人类提供很多无形的产品，如森林具有满足人类身心健康和精神享受的功能，可以增加空气中负离子浓度，有益人体健康，还可以美化环境，解除人们眼睛和心理疲劳，给人以安逸感，使人的精神舒畅，很多森林还具有美学价值。所以，森林社会经济学质量，主要是指森林为人类提供各种有形和无形价值的能力。森林社会经济学质量是森林质量的重要功能，只有加快提高森林社会经济学质量，森林才可以为人类社会经济的发展提供更多、更好的服务。

（三）森林环境学质量

森林环境学质量，是指森林改善生态环境的能力，主要体现在环境保护、维护自然景观、减缓水旱灾害、保持水土、净化空气、涵养水源等方面。

森林环境学质量的高低在森林维护生态系统平衡方面起着至关重要的作用，是影响生态环境优劣的关键因素。众所周知，森林可以改善生态环境，可以为我们提供一个更好的生存环境，但是大多数人只是认识到了森林所具有的这些重要作用，而对这些作用发挥过程中森林质量的重要地位知之甚少，重视程度不够。森林环境学质量可以用来衡量森林生态环境效益发挥的能力。森林生态环境效益越高，说明森林环境学质量越高；反之，则说明森林环境学质量越低。因此，正确认识森林环境学质量，可以使人们对森林生态环境效益作用的重视程度进一步加深，从而有利于森林质量的进一步提高，为我国森林可持续发展作出贡献。

（四）三者之间的关系

上述三个方面，从不同角度来反映森林质量的内涵，它们之间相互联系、相互影响。第一，森林生物学质量是基础。较高的森林生物学质量可以为森林社会经济学质量和环境学质量的提高奠定较好的物质基础，没有较高的森林生物学质量做前提，森林社会经济学质量和环境学质量都将成为一纸空谈，没有任何现实意义。第二，森林社会经济学质量和环境学质量又会对森林生物学质量的提高起到促进作用。人类的很多活动都是以经济效益最大化为目标的，而森林生物学质量又是这一目标实现的根本条件，因此森林社会经济学质量提高的需求可以在很大程度上刺激森林生物学质量的提高。而森林环境学质量的提高、环境质量的改善，这些需求的增强也会带动森林生物学质量的提高。第三，森林质量内涵三方面内容是一个有机统一体，缺一不可，形成了一个完整的系统，只有相互促进、相互激励，才能形成良性循环，从而实现森林各种效益最有效的发挥。所以，森林质量是一个整体概念，涵盖了森林的生物学质量、社会经济学质量及环境学质量三个方面，其中，每个方面都会影响到森林质量总体，只有三者之间有机结合，才能最终达到森林社会、经济和生态效益等综合效益的最大化。而森林社会、经济、生态功能和效益的最大化则是森林质量的最佳状态。

　　从木材危机到森林永续利用理论，从森林病虫害到近自然林业理论和森林多效益理论，从生态环境问题到森林可持续经营理论等，这一系列认识变化过程是在不同社会经济发展阶段，人们对森林经营和利用方式变化历程的必然结果。从这一过程中，我们也可以看出，人们对森林的需求不断变化的同时对森林质量的认识也在不断加强和深化。类似地，我国对森林质量的认识同样经历了这样一个过程，从发展阶段来看，中华人民共和国成立初期的木材生产促进经济发展的利用阶段，对森林数量的关注自然成为重点，而在社会经济发展到一定阶段后，人们逐渐意识到森林生态系统功能的重要性，从而将关注点逐渐向提高森林质量转移；从对森林质量内涵认识来看，由最初面积增长、木材产量增加即森林质量改善的狭义认识，逐渐转变到现阶段森林生态环境效益为主的森林质量标准上。各阶段对森林质量的认识是由当时的社会经济发展水平决定的，这是一个必然的认识过程，是大多数国家都会经历的认识过程，不可逾越[40]。

下篇 实 践 篇

第四章 我国森林质量变化与现状

长期以来，我国林业经营中只重数量而忽视质量的现象还较为普遍。随着社会经济的快速发展，尽管从第三次全国森林资源清查开始，森林一直保持面积和蓄积的双增长，但森林整体质量却在下降[25, 56]，成为造成我国木材供求矛盾、生态环境恶化的主要根源。随着人们对森林质量在多效益发挥中的重要作用的认识的不断增强，社会各界提高森林质量的呼声越来越高[57]。因此，全面认识、掌握我国森林质量变化趋势及现状，以及与林业发达国家和世界平均水平的差距，对科学制定相关森林政策，促进森林经营水平的提高、森林的优化利用、维护国土生态安全、应对气候变化，具有重要的现实意义。

在分析我国森林质量变化时，沈孝辉[44]指出我国森林的质量不太好。首先，我国现有森林系统存在原始林被大量采伐并转化为天然次生林和人工林的问题，天然次生林屡遭破坏、大面积人工化和单一化等问题严重。且这些树种单一、结构简单的人工林只是树木的集合，而非健康完整的森林生态系统。由于森林的人工化、单一化，我国濒危物种逐渐增多，林业有害生物危害严重，如森林火灾、病虫害等发生面积不断扩大，此外，使用转基因技术营造转基因林可以提高经济效益，但生态风险却逐渐增大。沈孝辉指出，全国生态与环境质量并未随着森林数量的增加而有所好转，反而呈现出"局部治理，总体恶化"的持续下降趋势，我们已无法回避我国森林质量总体下降的事实[58]。在《森林是天书》一文中也有涉及森林质量，沈孝辉认为天然林的"减"和人工林的"增"，无论是从生态角度还是从经济角度来看，都是不可互相弥补抵消的，它意味着中国森林整体上的人工化和低质化[25]。

沈国舫[53]院士在其主编的《中国森林资源与可持续发展》中提到森林的质量变化及分析时指出，全国森林的质量总体来看仍呈下降趋势。且2000年在分析中国林业可持续发展及其关键科学问题时，沈国舫院士也指出，我国森林的质量，从其经济价值（从材种出材率、出材径级及优质材的比重等角度看）、环境和社会功能（从平均疏密度、森林组成结构、森林的防护功能、游憩价值角度看）角度衡量，都有下降的趋势[59, 60]。该保护的自然保护区没有充分保护好；供游憩利用的森林负担过重、经营不善；大面积的人工林（包括用材林和经济林）存在着树种（或品种）不符合要求、结构简单、生产力不高、立地维持不佳等问题，在生产功能和环境功能方面都有不足之处。森林生产力的总体水平一直在低水平处徘徊，与林业发达国家的高生产力水平有很大差距。此外，沈国舫院士还曾提到，在森林总量有所增长的情况下，森林的结构却仍未得到改善，并且质量在下降[61]。成熟林、过熟林的面积、蓄积一直在下降，而且由于大部分现存的成熟林、过熟林都处在交通不可及或应被保护（如江河上游的水源林区）的地方，实际可供采伐的成熟林、过熟林已经所剩无几。森林的质量低下，平均每公顷蓄积量只有83.6 立方米（世界平均 114 立方米，先进国家超过 250 立方米），用材林的年平均生长量仅为每公顷 3 立方米（先进国家达每年每公顷 5～7 立方米），而且出材量低，出材径级小，材质等级也低。此外，其他学者指出对森林覆盖率重数量而忽略质量的结果是，"海南岛森林虽然面积增加，但质量明显下降"（中国科学院学部"海南热带生物资源的保护和可持续利用"咨询组对海南岛森林的评语），导致生态功能减弱，经济效益降低，严重浪费了森林资源价值，损害了社会的整体利益和长远利益[62]。

还有一些学者针对我国一些省区市的森林质量状况进行了分析。黑龙江省林分质量自中华人民共和国成立以来不断下降，1948 年成熟林、过熟林面积占 50%，蓄积占 76.6%，2000 年成熟林、过熟林面积只占 12.6%，蓄积占 20.9%，可采资源濒临枯竭，龄组比例严重失调。平均每公顷蓄积量 1948 年为 110.6 立方米，2000 年仅有 77.6 立方米，减少了 29.8%。成熟林、过熟林平均胸径下降了 30% 以上，平均单株材积减少了 50% 以上。针叶树和珍贵树种所占比例大幅度下降[63]。1962～2002 年，大兴安岭林区林分质量下降，单位面积蓄积量下降了 27.8%；近熟林、成熟林、过熟林的面积和蓄积都大幅度减少，幼龄林、中龄林的面积和蓄积都有所增加，森林的平均年龄、平均数高、平均胸径、平均密度变小；有相当一部分森林的郁闭度在 0.4 以下，造成森林的质量下降[46]。邱扬等[64]认为山西省森林质量差、优劣悬殊，全省林地中，郁闭度 0.4 以上的有林地不足 2/3，有林地每公顷蓄积量只有 38.4 立方米，不到全国平均水平的一半。很多森林是"三多，两低，一小"的次生阔叶林，即萌芽林多、疏林多、林中空地多；单位蓄积量低、出材率低；总的郁闭度小[64]。有研究学者在对北京西山国家森林公园人工林的质量和景观效益进行分析时得出的结论之一是：林分组成结构简单，单层纯林占 68%，混交林仅占 32%，且混交树种仅为 2～3 种，从公园角度看，林分质量不高[65]。

尽管四川省在 20 世纪 80 年代实施"三大工程"后，一定程度上使得森林迅速发展，森林面积、蓄积、覆盖率快速增长，尤其以人工林建设为最，但是森林质量普遍低下的问题却十分突出，具体表现如下：①森林开采资源已十分有限，林分龄组比例出现失调，已不利于永续利用；②天然林消耗量大，资源下降迅速；③本区森林地理分布极不均匀；④林种结构不合理；⑤无林地资源丰富，林地利用率较低；⑥更新营林措施不当，综合效益低下。

江西省的林分单位面积蓄积量只有 34.75 米³/公顷，全省森林平均郁闭度为0.5，小径级的株数和蓄积比重都在提高，大径级、特大径级的株数和蓄积比重下降。各年度的林分林木株数都是以小径级占多数。据统计，江西省1996年林分平均胸径仅为10.5厘米，比1991年降低0.5厘米。大径材林分少，不仅森林的产出少，森林生态功能也弱。江西省面临整体森林质量差和林龄结构不合理的严重问题。此外，江西省森林生物多样性的减少和林地质量的降低也是森林质量差的直接反映[50]。

广东省林地利用率从全国来看处于较高水平，但从广东省丰富的水热条件和较好的立地条件来看，仍存在提升空间：针叶林、中幼林为主的格局仍未改变；中幼林无论是面积还是蓄积都占林分总体的70%以上；可采资源已近枯竭；林木直径普遍较小；森林自然度较低及低龄化问题严重。广东省森林大都处于演替初级阶段，森林结构尚不稳定，自然生态体系还不完备，不但植物种类少，野生动物物种与数量也不断减少，影响了森林生态功能的发挥[51]。

我国已进行了九次全国范围的森林资源清查，积累了较多的森林历史数据。但国内研究在内容上也只从森林面积和蓄积等数量方面进行了简单对比，注意力多集中在林木和林地资源的数字增减上[66]，专门针对我国森林质量动态变化趋势及现状分析的研究相对较少。故而，亟须建立一个能够反映我国森林质量的基本评价指标体系；通过统计图表等形式，对从中华人民共和国成立初到第八次全国森林资源清查期间我国森林质量变化和现状进行较为详尽的数量分析①；此外，还需对我国森林质量总体情况与国外林业发达国家及国际水平进行对比分析，以期对我国森林质量状况有一个更深入的认识。

第一节 衡 量 指 标

一、指标选取

指标的选取是森林质量变化及现状分析的准备工作，也是后期实证分析的基础。指标选择得当，可以对现实情况给予真实反映，可以使我们对我国森林质量有一个较为全面系统的认识，并为后期实证分析获得更为科学、有意义的结论奠定基础。

（一）选取原则

指标的选取应依据一定概念框架和指标筛选原则构建指标以满足研究需求，达到研究目的。一般而言，在设计指标过程中遵循以下几条原则。

---

① 因专著写作期间第九次全国森林资源清查结果尚未有公开数据，本书所有数据分析截止到第八次全国森林资源清查。其中，全国森林资源清查公开的个别数据缺失。

1. 科学性原则

指标选取要有科学依据，要反映系统本质特征和发展规律。任何研究工作的首要前提都应是科学性，否则将失去研究的意义。本章所选森林质量指标均是以可持续发展理论和林业可持续发展理论等科学理论为依据，经反复考量、对比已有文献资料中的相关指标基础上总结得出，严格遵循指标选取的科学性原则。

2. 代表性原则

在选取指标时应抓住问题的实质，或研究对象的主要方面，选取那些最具代表性的方面和代表性强、综合性强的指标，有重点地反映研究对象的本质特性。本书在指标选取中，充分考虑到各指标的代表性，力争做到将森林质量的重要方面和主要特征充分反映出来。

3. 相对独立性原则

避免指标间具有相关性，指标间应满足互不重叠、互不取代，以尽量避免信息上的重复。本书选取指标过程中，针对森林质量的不同方面，分别选取了数个相对独立性指标，并通过专家咨询、已有文献资料参考等，筛选出最具有相对独立性、最适合的指标作为研究对象。

4. 可比性原则

指标口径、范围、单位等应保持一致，且所选指标针对不同个体都具有适用性。本书在选取指标时，考虑到可比性原则，主要采用了无量纲处理、比值处理等方法，最大程度上满足某一指标在不同研究对象之间的可比性。

5. 可操作性原则

指标的选取是下一步实证分析应用的基础，从理论上来说，期望所选指标能全面反映研究对象的特征，但在实际操作中，鉴于数据资料的可获取性，很多关键指标或重要指标收集困难，这样的指标在实际应用中缺乏可操作性。因此，指标的选取要有理有据、实用可行、易获得、测算简便、通俗易懂、可操作、能检查。对本书而言，可操作性是选取指标进行分析的最大阻力之一。鉴于我国森林资源清查在中华人民共和国成立初期缺乏系统性，没有一个相对固定的评价指标体系支撑，目前出现了森林资源清查数据获取困难、指标统计缺乏连续性、口径不统一等问题，从一定程度上限制了本书研究中对一些相对代表性更强的指标的选取。

6. 动态性原则

随着事物的不断发展变化，人们对事物的认识也在不断变化，任何一个标准和指标都有一定的时效性与变化趋势，选取指标时还应考虑到该指标是否能综合反映可持续发展的现状和未来趋势，以便于预测和决策。森林质量指标更是如此，人们对森林质量的认识是随着社会经济发展而不断变化的，因此，本书在选取指标时，充分考虑到这一点，力争将人们现阶段对森林质量的认识充分反映在所选取的指标当中。

（二）指标设计思路与方法

研究森林质量相关问题，依据可持续发展思想和森林可持续经营与利用方式，在始终遵循评价指标体系建立原则的基础上，通过吸收已有的相关研究成果经验，运用科学的指标筛选方法确定评价指标，建立评价指标体系。

指标筛选的方法是：首先，研究相关理论，建立一个先验评价指标体系；其次，通过对已有文献资料中使用过的指标进行频度统计，再结合专家咨询方法进一步筛选合适的指标，得出具有普遍性、代表性的指标构成新的评价指标体系；最后，在数据收集过程中，根据我国历次森林资源清查情况，对构建的评价指标体系再次进行调整，并以此对我国森林质量变化和现状进行客观评价。

二、确定指标

（一）选取研究角度

从对森林质量内涵的分析可知，生物学质量是各种效益发挥的物质基础，是其他两方面质量的基础和必要条件。生物学质量是森林质量的重中之重，良好的生物学质量会带来社会经济学质量和环境学质量的相应改善。在已有的研究资料中也不难发现，涉及森林质量的指标也都是生物学质量方面[48,49,67]。

生物学质量是森林的内在质量，是独立于人类对森林产品和服务功能需求之外的，是森林树木生长过程中，林木自身的特征和变化所具有的内在本质特性。根据我们对生物学质量的理解，其衡量中应包含体现其自身特性变化方面的指标，如林地生产能力、胸高、树径、构成状况、龄组结构等。林地生产能力高低是森林质量高低最直接有效的表现方面，林地生产能力高意味着森林质量高，也就意味着森林综合效益发挥能力高，反之亦然。从这一基本角度对森林质量进行剖析，符合我国森林质量评价指标体系现阶段的发展状况，考虑到了森林质量评价应符合森林经营管理的需要，具有较好的科学性和可行性。

此外，限于我国现阶段对森林质量的认识尚处于初级阶段，对森林质量的评价指标体系仍未建立起来，在数据收集过程中发现，我国历次森林资源清查资料各指标的统计口径存在一定程度的不一致性，且随着对森林质量认识水平的变化，体现森林质量的指标也不断变化，数据资料的连续性相对较差，很难严格按第三章涉及的森林质量三个方面内涵进行讨论。

综合以上各方面因素，我们最终确定森林生物学质量作为主要研究方面，并在此基础上对我国森林质量进行详细剖析。

（二）确定评价指标体系

为了较为系统地分析比较我国森林质量动态变化趋势，并方便进行森林质量现状的国际比较，本书在参考已有研究采用的指标及我国第六次、第七次、第八次全国森林资源清查资料中采用的指标基础上[68]，考虑到相关数据的可获取性、连续性，主要从林地生产力、林分构成及病虫害情况三个方面对我国森林质量变化趋势进行描述与评价，从单位面积蓄积量、生物量及其相关指标进行森林质量的国际比较。具体指标见表4-1。

表4-1　森林质量主要代表指标

一级指标	二级指标	三级指标
林地生产力	单位面积蓄积量	林分单位面积蓄积量
		人工林单位面积蓄积量
	生长量	林木平均年生长率
	郁闭度	平均郁闭度
	生物量	森林总生物量
林分构成	林龄结构	林分近成熟林面积比重
		人工林近成熟林面积比重
	林种结构	用材林、防护林面积比
	近自然程度结构	天然林面积比重
病虫害情况	森林病虫害	病虫害发生面积比重

第二节　我国森林质量变化趋势

自人类发源以来，森林在人类的生产生活中就发挥着极其重要的作用。我国古代森林丰富、种类繁多、结构复杂，且分布十分广泛[69]。随着社会经济的不断发展，焚林狩猎、毁林开荒、建筑用材、燃料需求、战争破坏和近代帝国主义掠夺等[70]，使我国森林遭到了严重消耗与破坏。中华人民共和国成立以来，森林无论是从数量来看，还是从质量来说，都随着我国人口规模的扩大、社会经济的发展而出现了较为明显的下降趋势。随着森林多重效益发挥的重要作用日益凸显，国家实施森林数量和质量改善的力度也在不断加大，在一定程度上缓解了我国森林质量下降的趋势。

一、林地生产力

林地生产力是指林业用地或有林地的总体生产能力，是一个综合评价森林生产力的概念，是森林质量评价的一个重要方面。林地生产力通常指单位面积上林分立木蓄积量的高低，反映一个地区或国家森林的生产力水平，是衡量森林质量高低的重要指标之一。林地生产力可通过单位面积蓄积量、森林生长量、森林郁闭度及森林总生物量等方面来反映。

（一）单位面积蓄积量变化分析

单位面积所承载的森林蓄积量是林木存量状况最直观的表述。林木蓄积量的大小，决定着我国木材生产和林产品市场发展，决定着我国生态平衡与否，决定着我国环境改善效果，进而影响着我国社会经济和人民生活水平的提高，影响着我国森林生态环境效益的有效发挥。单位面积蓄积量的高低可直接反映一片森林可发挥生态、环境和社会效益的能力大小，是衡量森林质量优劣的重要指标。

从表 4-2 不难看出，除了在第二次全国森林资源清查中林分面积和蓄积指标出现了微幅下滑外，其他清查期间的林分面积和蓄积指标均随着我国社会经济发展变化而呈现出总体不断增长态势。然而林分单位面积蓄积量却并未呈现出类似的持续增长趋势，且增长速度不高，甚至在第五次全国森林资源清查时，林分单位面积蓄积量出现较大幅度的下降，下降了 5.59 米³/公顷，降幅达到 6.68%，此后出现好转趋势，在第八次全国森林资源清查中林分单位面积蓄积量达到了中华人民共和国成立以来的历史最高水平即 89.79 米³/公顷。从表 4-2 中的林分单位面积蓄积量的环比变化率数值也不难看出，前五次全国森林资源清查我国林分单位面积蓄积量增速有逐年下降趋势，从第六次全国森林资源清查开始有所好转。

表 4-2　历次林分单位面积蓄积量变化[41, 68, 71, 72]

年份	面积/万公顷	蓄积/万立方米	单位面积蓄积量/(米³/公顷)	环比变化率
1973～1976	11 019	865 579	78.55	—
1977～1981	9 562	797 837	83.44	6.23%

续表

年份	面积/万公顷	蓄积/万立方米	单位面积蓄积量/(米³/公顷)	环比变化率
1984～1988	10 725	904 108	85.23	2.15%
1989～1993	10 864	908 717	83.65	−1.85%
1994～1998	12 920	1 008 564	78.06	−6.68%
1999～2003	14 279	1 209 764	84.73	8.54%
2004～2008	16 097	1 372 100	85.24	0.60%
2009～2013	20 800	1 513 700	89.79	5.33%

注：单位面积蓄积量数据不是由蓄积除以面积得来的，而是来源于相关文献中直接公布的数据

从表4-3可以看到，林分面积八次清查以来总计增加量达到9781万公顷，年均增长量达238.56万公顷，年均增长率为1.60%；与此同时，林分蓄积增加总量达到648 121万立方米，年均增长量为15 807.83万立方米，年均增长率达到1.41%，而林分每公顷蓄积量八次全国森林资源清查增加总量为11.24立方米，年均增长量为0.27立方米，年均增长率仅为0.33%。由此可见，单位面积蓄积量的增长量远不及面积和蓄积等数量指标的增长量。

表 4-3　林分年均增长率变化

项目	面积变化/万公顷	蓄积变化/万立方米	单位面积蓄积量变化/(米³/公顷)
增加总量	9 781	648 121	11.24
年均增长量	238.56	15 807.83	0.27
年均增长率	1.60%	1.41%	0.33%

资料来源：根据表4-2计算得出

按起源分，森林可分为天然林和人工林。众所周知，天然林在生物多样性、林种结构、林龄分布等方面的天然优越性，使得其在森林综合效益的发挥上要远远高于人工林，可以说，一般地，天然林生产力高于人工林生产力。

表4-4数据表明，我国天然林面积总体呈现出先减少后增加的变化趋势，由第一次全国森林资源清查时的9609万公顷下降至第四次全国森林资源清查时的8727万公顷，随着天然林保护工程的实施，在第八次全国森林资源清查时回升至12 184万公顷；而蓄积则由第一次全国森林资源清查时的748 268万立方米，逐渐增至第八次全国森林资源清查时的122.96亿立方米；但单位面积蓄积量变化不明显，在第四次全国森林资源清查时达到95.97米³/公顷，此后略有下降，第八次全国森林资源清查时又回升至104.62米³/公顷。

表 4-4　历次全国森林资源清查天然林和人工林变化[41, 71, 73-76]

年份	天然林			人工林		
	面积/万公顷	蓄积 /万立方米	单位面积蓄积量 /(米³/公顷)	面积/万公顷	蓄积 /万立方米	单位面积蓄积量 /(米³/公顷)
1973~1976	9 609	748 268	77.87	2 369	16 437	6.94
1977~1981	8 791	770 488	87.65	2 781	27 349	21.48
1984~1988	8 847	756 164	85.47	3 101	52 985	28.27
1989~1993	8 727	837 519	95.97	3 425	71 198	33.31
1994~1998	10 697	907 265	84.81	4 667	101 299	21.71
1999~2003	11 576	1 059 300	91.51	5 326	150 500	28.26
2004~2008	11 969	1 140 200	98.64	6 169	196 100	31.79
2009~2013	12 184	1 229 600	104.62	6 933	248 300	52.76

注：单位面积蓄积量数据不是由蓄积除以面积得来的，而是来源于相关文献中直接公布的数据

尽管全球每年减少森林面积 660 多万公顷，而我国年均增长 400 万公顷，是全球森林资源增长最快的国家之一。这与我国人工林的快速发展是紧密相关的。根据联合国全球资源最新评估，截至 2013 年初，我国人工林面积已达 6933 万公顷，占世界人工林面积近四成，居世界第一位。人工林是人工化的森林，其实质是人为作用下森林系统的树种结构和生物结构的主观化与单一化[73]，单一化人工林必然存在着生态效益不高的问题。在我国人工林数量突飞猛进的同时，质量低下所带来的各种问题也日益凸显，我国森林总体质量在很大程度上受到影响。

从表 4-4 中可以看出，我国人工林面积、蓄积均呈现出明显的增长态势，远高于天然林面积、蓄积年均增长率，人工林单位面积蓄积量总体也呈现出增长趋势，随着人工林建设步伐不断加快，第八次全国森林资源清查时人工林面积增长了近 2 倍，而蓄积增长了近 14 倍，人工林每公顷蓄积量上升了 45.82 立方米。此外，第一次全国森林资源清查中人工林单位面积蓄积量仅相当于天然林的 8.91%，到第八次全国森林资源清查中人工林单位面积蓄积量也仅相当于天然林的 35.71%，尽管差距大幅缩小，但总体来看，人工林单位面积蓄积量仍远低于天然林单位面积蓄积量，人工林生产力仍较低，且提高相对缓慢。

从各指标环比增长率变化（表 4-5）来看，除第四次全国森林资源清查中人工林面积有所下降外，人工林面积基本保持高速增长态势，这样高速的面积增长态势，必然会导致对质量提高关注度不够，进而影响到人工林整体质量的提高。第六次、第七次和第八次全国森林资源清查结果均显示，我国人工林面积在 2003 年时达到 5326 万公顷；2008 年时达到 6169 万公顷；2013 年时达到 6933 万公顷，均位居世界第一位。同时，蓄积增长也十分显著，由第一次全国森林资源

清查时的 16 437 万立方米，经过 40 多年的发展，增至第八次全国森林资源清查时的 248 300 万立方米，增加了近 14 倍。

表 4-5　人工林相关指标环比增长率变化

年份	面积环比增长率	蓄积环比增长率	单位面积蓄积量环比增长率
1973~1976	—	—	—
1977~1981	17.39%	66.39%	209.51%
1984~1988	37.72%	93.74%	31.61%
1989~1993	−10.57%	34.37%	17.83%
1994~1998	36.26%	42.28%	34.82%
1999~2003	14.12%	48.57%	30.17%
2004~2008	15.83%	30.30%	12.49%
2009~2013	11.85%	26.62%	65.96%

资料来源：根据表 4-4 计算得出

从人工林年均增长率变化（表 4-6）可以看出，人工林面积、蓄积年均增长率（分别为 2.72% 和 7.02%）均高于林分面积、蓄积年均增长率（分别为 1.60% 和 1.41%，如表 4-3 所示）。然而人工林在数量上的增加，并未带来我国森林总体单位面积蓄积量的显著提高，人工林每公顷蓄积量在历次全国森林资源清查中最高仅为第八次全国森林资源清查中的 52.76 立方米，除第八次和第一次全国森林资源清查外基本徘徊在 30 立方米左右（表 4-4），这与我国本不算高的林分单位面积蓄积量的最低值第五次全国森林资源清查时的 78.06 米³/公顷（表 4-2），仍相去甚远。改善人工林质量，提高人工林生产力，已成为当前人工林发展过程中亟待解决的问题之一。

表 4-6　人工林年均增长率变化

项目	面积/万公顷	蓄积/万立方米	单位面积蓄积量/(米³/公顷)
增加总量	4 564	231 863	6.94
年均增长量	111.32	5 655.20	1.12
年均增长率	2.72%	7.02%	5.20%

资料来源：根据表 4-4 计算得出

综上分析可以得出，我国林地生产力总体水平不高，林分单位面积蓄积量增长速度有待进一步提高，人工林生产力水平偏低，有待进一步改善。

（二）森林生长量变化分析

森林生长量、生长率也是衡量森林质量的重要指标之一。自我国建立起全国森林资源清查体系以来，历次清查均将活立木总生长量指标作为一个重要指标列出，以明确林木生长情况。生长量高低、生长速度快慢，是森林质量优劣的重要表现方面之一。

从历次全国森林资源清查结果看（表4-7），我国活立木总生长量呈现出稳步增长的变化趋势，由第一次全国森林资源清查时的22 692万立方米，平稳增长至第八次全国森林资源清查时的15.2亿立方米，41年间增长了近13亿立方米。活立木年均生长量增长势头也较好，除在第二次全国森林资源清查期间略有下降外，其余全国森林资源清查期间均呈现稳步增长的趋势。而有林地年生长量从第一次全国森林资源清查到第五次全国森林资源清查均呈现较好的增长趋势，第五次全国森林资源清查时达到53 424万立方米，在随后第六次全国森林资源清查中有所减少，降为49 700万立方米，在第七次全国森林资源清查中又大幅回升，达到69 831万立方米，增长势头也较好。林木平均年生长率总体也呈现出稳中有升的趋势，由第一次全国森林资源清查时的2.66%增至第七次全国森林资源清查时的5.09%，增长了2.43个百分点。有林地每公顷年生长量总体也呈现出较好的增长态势，由第一次全国森林资源清查时的1.84立方米逐渐增长到第八次全国森林资源清查时的4.23立方米。

表4-7　历次全国森林资源清查森林生长量、生长率变化[74, 75, 77]

年份	活立木总生长量/万立方米	活立木年均生长量/万立方米	有林地年生长量/万立方米	林木平均年生长率	有林地每公顷年生长量/立方米
1973～1976	22 692	5 673	19 317	2.66%	1.84
1977～1981	27 532	5 506	22 973	2.88%	2.40
1984～1988	39 182	7 836	32 946	3.52%	2.64
1989～1993	47 504	9 501	41 912	3.98%	3.13
1994～1998	63 652	12 730	53 424	3.88%	3.36
1999～2003	79 800	15 960	49 700	4.31%	3.55
2004～2008	112 300	22 500	69 831*	5.09%*	3.85
2009～2013	152 000*	30 400	80 865*	—	4.23

注：有林地年生长量、林木平均年生长率第七次全国森林资源清查指标（带*指标数值）根据有林地每公顷年生长量和有林地面积、蓄积推算得出；活立木总生长量、有林地年生长量第八次全国森林资源清查指标（带*指标数值）根据第七次全国森林资源清查活立木总蓄积量和有林地每公顷年生长量、有林地面积推算得出；其他数据来源于相关文献公布的数据

从以上分析来看，我国森林生长量、生长率等都呈现出了较好的增长态势，森林的生产力水平逐渐提高，林地生产力逐渐改善。

（三）森林郁闭度变化分析

森林郁闭度是指森林中乔木树冠遮蔽地面的程度。它是树冠垂直投影面积与林地面积的比值。森林郁闭度是反映林分密度、森林结构的重要指标之一，是森林质量高低优劣的重要体现。

从我国森林郁闭度历次全国森林资源清查结果来看（表4-8），尽管前三次数据缺失，后四次全国森林资源清查数值变化不大，但总体呈现出先下降后上升的"U"形变化趋势。且第八次全国森林资源清查数值（0.57）与第四次全国森林资源清查数值（0.60）相比，总体郁闭度略有下降。

表 4-8   历次全国森林资源清查郁闭度变化[74, 77]

项目	1973～1976 年	1977～1981 年	1984～1988 年	1989～1993 年	1994～1998 年	1999～2003 年	2004～2008 年	2009～2013 年
郁闭度	—	—	—	0.60	0.54	0.54	0.56	0.57

从对森林郁闭度指标分析来看，我国林地生产力整体水平偏低，且在林分密度上来看略有下降，有待进一步提高。

（四）森林总生物量变化分析

森林总生物量，是森林生态系统积累的植物有机物总量，是整个生态系统运行的能量基础和物质来源[78]，是反映森林生态系统结构和功能的重要指标之一，是森林质量的重要体现指标之一。从历次全国森林资源清查来看（图4-1），森

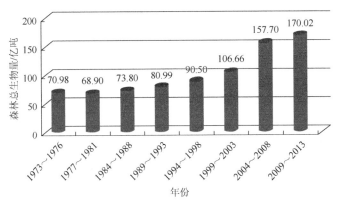

图 4-1　森林总生物量变化[79]

林总生物量总体上呈现出稳步增长的变化态势，第八次全国森林资源清查中达到了 170.02 亿吨，增长态势较好。

森林总生物量的逐渐增加，表明我国森林生态系统结构总体上在逐渐完善。

二、林分构成

林分构成决定了森林功能，林分构成的合理与否直接关系到森林生态系统功能实现的优劣程度，是衡量森林质量的重要指标，主要由林龄结构、林种结构及近自然程度结构等方面反映。

（一）林龄结构变化分析

根据森林生长发育过程，可将林分与林木按照年龄结构划分为五个阶段，即幼龄林、中龄林、近熟林、成熟林和过熟林。幼龄林是林分完全郁闭前的林木所处时期。中龄林是林冠郁闭后至林分成熟前的林木所处时期。幼龄林和中龄林因处于生长期而很难完全发挥其本身所具有的生态环境效益。近熟林是指林木各方面即将进入成熟，直径生长较快。成熟林是指林木在生物学及工艺方面都已进入成熟，直径生长已非常缓慢或基本停止。近熟林和成熟林因已具备了发挥各种生态效益的条件，而成为发挥生态环境效益最佳的林龄组。过熟林是自然稀疏已基本结束，林木生长停止，其林分经济价值和生态环境价值达到最大，此后各有益价值作用开始逐渐降低。林龄结构可以从很大程度上反映出一片森林质量的优劣，是森林质量的代表性指标之一。

从历次全国森林资源清查林分林龄结构面积、蓄积变化情况不难看出（表 4-9），我国幼龄林、中龄林面积和蓄积总体上呈现出稳步增长态势。幼龄林面积、蓄积自第一次到第八次全国森林资源清查以来总增长幅度分别达到 26.44% 和 187.52%，年均增幅分别达到 0.59% 和 2.68%；中龄林面积、蓄积总增幅也分别达到 86.29% 和 113.44%，年均增幅分别为 1.57% 和 1.91%，增长幅度较大。而成熟林后五次全国森林资源清查面积和蓄积总增幅分别为 71.47% 和 61.73%，年均增幅分别为 2.73% 和 2.43%，与幼龄林、中龄林相比，我国成熟林增幅偏小，这与我国木材利用与森林可持续发展之间存在矛盾有很大关系。

表 4-9　历次全国森林资源清查林分各林龄面积、蓄积变化[68, 71, 72, 74, 75]

龄组分类	单位	1973~1976 年	1977~1981 年	1984~1988 年	1989~1993 年	1994~1998 年	1999~2003 年	2004~2008 年	2009~2013 年
幼龄林	面积/万公顷	4 217	3 345	3 958	4 133	4 429	4 724	5 262	5 332
	蓄积/万立方米	56 692	69 962	102 827	102 318	115 407	128 497	148 777	163 000

续表

龄组分类	单位	1973~ 1976 年	1977~ 1981 年	1984~ 1988 年	1989~ 1993 年	1994~ 1998 年	1999~ 2003 年	2004~ 2008 年	2009~ 2013 年
中龄林	面积/万公顷	2 851	3 474	3 259	3 613	4 289	4 964	5 201	5 311
	蓄积/万立方米	192 374	268 660	233 663	266 034	304 303	342 572	386 142	410 600
近熟林	面积/万公顷	—	—	912	1 106	1 552	1 999	2 305	2 583
	蓄积/万立方米	—	—	98 762	122 142	173 347	224 551	264 983	303 400
成熟林	面积/万公顷	3 213	2 744	1 528	1 269	1 492	1 715	1 871	2 176
	蓄积/万立方米	497 454	459 215	249 463	220 371	261 016	301 661	315 872	356 400
过熟林	面积/万公顷	—	—	562	742	810	877	919	1 058
	蓄积/万立方米	—	—	124 434	197 852	205 167	212 483	220 485	244 500

注:第一次、第二次全国森林资源清查中,森林仅分为幼龄林、中龄林及成熟林;第三次全国森林资源清查以后加入了近熟林和过熟林

　　林分各林龄面积所占比重,在很大程度上反映了我国林龄结构状况。林龄结构的合理与否直接影响着森林生态效益的发挥,是反映我国森林质量高低的一个重要指标。从图 4-2 林分各龄组面积比重变化可以看出,总体上幼龄林和中龄林面积比重占绝对优势,而近熟林、成熟林及过熟林面积比重相对较小。从时间顺序上看,幼龄林面积比重总体上呈降低趋势,但变化幅度不大,由第一次全国森林资源清查时的 41% 下降至第八次全国森林资源清查时的 32%,下降约 9 个百分点;近熟林面积比重总体稳步增长,第八次全国森林资源清查时达到 16%;而成熟林第八次全国森林资源清查面积比重与第三次全国森林资源清查期间相比,略有上升。

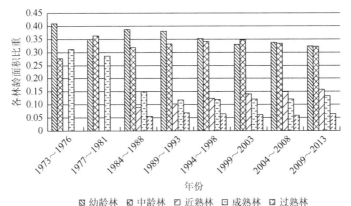

图 4-2　历次全国森林资源清查林分各林龄面积构成变化

资料来源:根据表 4-9 计算得出

　　从近成熟林(即近熟林与成熟林)面积比重变化情况来看 [图 4-3(a)],近

成熟林面积所占比重先下降后上升，由第一次全国森林资源清查时的 31.25% 下降至第四次全国森林资源清查时的 21.86%，随后第八次全国森林资源清查时上升至 28.91%；然而蓄积所占比重总体呈现下降趋势，由第一次全国森林资源清查时的 66.64% 下降至第八次全国森林资源清查时的 44.64%。成过熟林（即成熟林与过熟林）面积所占比重总体呈下降趋势 [图 4-3（b）]，由第一次全国森林资源清查时的 31.25% 下降至第八次全国森林资源清查时的 19.65%，下降了 11.6 个百分点；蓄积所占比重由第一次全国森林资源清查时的 66.64% 降至第八次的 40.66%，下降了 25.98 个百分点。近成熟林、成过熟林面积、蓄积比重变化趋势表明，我国生态效益较高的近成熟林、成过熟林林龄组结构仍不合理，有待进一步完善。

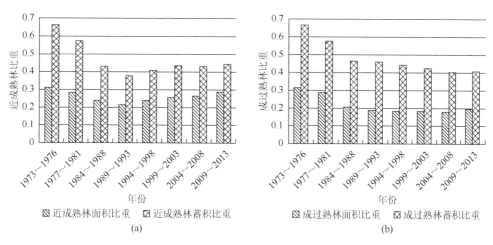

图 4-3　历次全国森林资源清查林分近成熟林和成过熟林面积、蓄积比重变化

资料来源：根据表 4-9 计算得出

　　人工林面积的增加是我国森林面积增加量的主要部分。人工林林龄结构的合理与否直接关系着我国森林质量整体水平的高低。从历次全国森林资源清查人工林各林龄面积、蓄积变化（表 4-10）可以看出，中龄林、近熟林、过熟林面积、蓄积均呈现出稳步增长态势；幼龄林、成熟林面积、蓄积上下波动。

表 4-10　历次全国森林资源清查人工林各林龄面积、蓄积变化[76]

龄组分类	单位	1973～1976 年	1977～1981 年	1984～1988 年	1989～1993 年	1994～1998 年	1999～2003 年	2004～2008 年	2009～2013 年
幼龄林	面积/万公顷	978	924	1 104	1 160	1 538	1 299	1 583	1 866
	蓄积/万立方米	8 621	11 136	15 793	16 429	23 409	29 380	32 540	35 700
中龄林	面积/万公顷	148	313	583	697	924	1 200	1 357	1 514
	蓄积/万立方米	6 259	12 984	25 058	35 545	46 175	67 150	79 925	92 700

续表

龄组分类	单位	1973～1976年	1977～1981年	1984～1988年	1989～1993年	1994～1998年	1999～2003年	2004～2008年	2009～2013年
近熟林	面积/万公顷	—	—	—	179	289	443	556	668
	蓄积/万立米	—	—	—	11 692	19 954	31 301	44 701	58 100
成熟林	面积/万公顷	13	37	114	85	134	241	376	510
	蓄积/万立米	835	3 230	7 067	6 435	9 611	19 471	33 936	48 400
过熟林	面积/万公顷	—	—	—	16	29	46	98	149
	蓄积/万立米	—	—	—	1 099	2 150	3 150	8 275	13 400

注：2004～2008年数据根据前后两次全国森林资源清查平均增长率计算得出

在人工林各林龄组面积比重中（图4-4），幼龄林比重占绝对优势，尽管从第一次到第八次全国森林资源清查比重逐渐降低，但幼龄林面积比重在最低的第八次全国森林资源清查中仍高达39.64%，位居各林龄面积比重首位。中龄林面积比重基本平稳提高，第八次全国森林资源清查时达到32.16%。近熟林和过熟林面积比重小幅提升。而成熟林面积比重在第三次到第八次全国森林资源清查中总体变动幅度不大。总体来看，人工林中近熟林、成熟林、过熟林面积总比重远低于幼龄林或中龄林面积比重，这在一定程度上表明，我国人工林林龄结构的不合理性，是我国总体森林质量难以提升的部分根源所在。

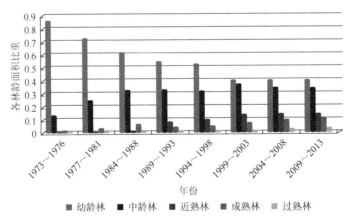

图4-4　历次全国森林资源清查人工林各林龄面积构成变化

资料来源：根据表4-10计算得出

人工林中近成熟林、成过熟林面积、蓄积比重（图4-5）显示，近成熟林面积和蓄积比重均呈现较好的上升趋势，分别由第一次全国森林资源清查的1.14%上升至第八次全国森林资源清查的25.03%，增加了23.89个百分点，由第一次全国森林资源清查的5.31%上升至第八次全国森林资源清查的42.89%，增加了37.58个百分点。而成过熟林面积、蓄积比重总体均呈现上升趋势。尽管总体来看，近成熟林面积、蓄积比重变化和成过熟林面积、蓄积比重变化均有改善趋势，然而从所占比重来看，仍不尽如人意。

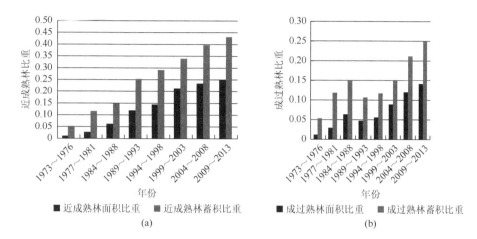

图4-5 历次全国森林资源清查人工林中近成熟林和成过熟林面积、蓄积比重变化

资料来源：根据表4-10计算得出

从对我国林分林龄结构和人工林林龄结构的相关分析不难发现，我国森林各林龄组总体上仍不合理，幼龄林、中龄林比重偏高，而成熟林相对偏少，人工林经验与管理中，只注重数量，而忽视了林龄结构的协调，导致人工林林龄结构失衡较为严重。这些问题的存在都严重阻碍了我国森林生态效益的发挥和森林质量的提高。

（二）林种结构变化分析

根据《中华人民共和国森林法》，我国森林按林种可划分为防护林、用材林、经济林、薪炭林、特种用途林。防护林是以防护为主要目的的森林、林木和灌木丛，包括水源涵养林，水土保持林，防风固沙林，农田、牧场防护林，护岸林，护路林；用材林是以生产木材为主要目的的森林和林木，包括以生产竹材为主要目的的竹林；经济林是以生产果品，食用油料、饮料、调料，工业原料和药材等为主要目的的林木[①]；薪炭林是以生产燃料为主要目的的林木；特种用途林是以国防、环境保护、科学实验等为主要目的的森林和林木，包括国防林、实验林、母树林、环境保

---

① 鉴于经济林的主要种植目的是经济收益而非林木本身价值，因此在接下来的讨论中未有涉及经济林相关内容。

护林、风景林，名胜古迹和革命纪念地的林木，自然保护区的森林[38]。而一般地，防护林、特种用途林被划为生态公益林，用材林、经济林、薪炭林被划为商品林。

合理的林种结构是森林功能协调、整体效益提高的重要保证，是森林质量体现的一个重要方面。从历次全国森林资源清查结果看（表4-11），尽管用材林面积随时间变化呈现出先减少后增加而后再减少再增加的变化趋势，但从总体来看呈现下降态势；而防护林面积呈现出快速稳步增长趋势。然而从总数量上来看，在前六次全国森林资源清查中，用材林面积仍远高于防护林面积，最大落差出现在第一次全国森林资源清查期间，达9015万公顷，最小落差也达到2388万公顷，出现在第六次全国森林资源清查期间。随着六大重点工程的高效实施，在第八次全国森林资源清查中，防护林面积超越了用材林面积，达到9967万公顷，比用材林面积高出3243万公顷，一定程度上改善了我国林种结构失衡的状况，但从总体情况来看，仍需进一步完善。

表 4-11　历次全国森林资源清查各林种面积、蓄积变化[76]

年份	用材林		防护林		薪炭林		特种用途林	
	面积/万公顷	蓄积/万立方米	面积/万公顷	蓄积/万立方米	面积/万公顷	蓄积/万立方米	面积/万公顷	蓄积/万立方米
1973~1976	9 800	773 554	785	80 726	367	4 471	67	6 828
1977~1981	8 063	688 186	1 000	88 365	369	6 963	130	14 323
1984~1988	8 007	617 317	1 456	139 962	444	6 562	312	45 308
1989~1993	8 493	674 339	1 607	177 798	429	6 917	335	49 664
1994~1998	9 940	720 619	2 138	219 297	445	8 751	397	59 897
1999~2003	7 863	551 242	5 475	550 084	303	5 627	638	102 810
2004~2008	6 416	422 700	8 308	735 000	175	3 900	1 198	174 600
2009~2013	6 724	460 200	9 967	794 800	177	5 900	1 631	217 000

从各林种面积所占比重变化（图4-6）可以看出，总体来看，尽管我国用材林面积所占比重呈现逐渐下降趋势，然而与其他林种相比，其面积所占比重仍为最大。防护林面积所占比重逐渐增多，由第一次全国森林资源清查时的7.12%递增至第五次全国森林资源清查时的16.55%，增加了9.43个百分点，随着六大重点工程的实施，防护林面积所占比重在第六次（38.34%）、第八次（53.88%）全国森林资源清查期间呈现明显上升趋势，第八次与第一次相比增长了46.76个百分点。薪炭林、特种用途林面积所占比重很小，且变化不显著。薪炭林面积所占比重总体来看略有下降，由第一次全国森林资源清查期间的3.33%下降至第八次全国森林资源清查时的0.96%。特种用途林面积所占比重由第一次全国森林资源清查时的0.61%上升至第八次全国森林资源清查时的8.82%。

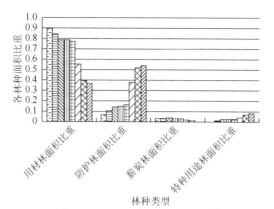

图 4-6 历次全国森林资源清查各林种面积比重变化

资料来源：根据表 4-11 计算得出

从历次全国森林资源清查中用材林、防护林面积和蓄积比重变化可以看出，用材林面积和蓄积均呈现出明显的下降趋势［图 4-7（a）］，且除第一次和第二次面积与蓄积比重相当或蓄积比重略高于面积比重外，从第三次全国森林资源清查开始，用材林蓄积比重一直小于面积所占比重，且总体来看差距有拉大趋势，最小落差为第三次全国森林资源清查期间的 2.06%，最大落差为第六次全国森林资源清查期间的 9.50%，表明我国用材林单位面积蓄积量有所下降，用材林林地生产力水平有所下降。而防护林面积、蓄积比重总体呈现出明显的上升趋势［图 4-7（b）］，除第八次蓄积比重与面积比重基本持平外，蓄积比重略高于面积比重，最大落差出现在第六次全国森林资源清查期间，值为 7.13%，最小落差为第二次全国森林资源清查期间的 0.62%。用材林和防护林面积、蓄积比重变化表明我国森林各林种结构总体上来看在逐渐改善，而从各林种自身发展变化来看，仍需进一步调整。

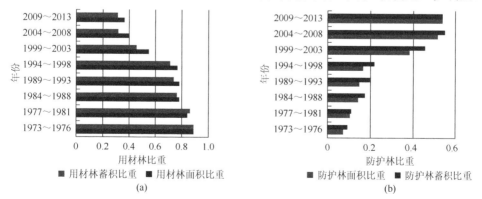

图 4-7 历次全国森林资源清查用材林和防护林面积、蓄积比重变化

资料来源：根据表 4-11 计算得出

从历次全国森林资源清查中用材林、防护林面积比（图4-8）可以看出，这一比值呈现出显著的下降趋势，由第一次全国森林资源清查时期的12.48，下降至第八次全国森林资源清查时期的0.67，从第五次到第六次全国森林资源清查期间的变化较为显著，下降幅度较大。表明我国用材林、防护林面积结构在不断调整，不断完善。

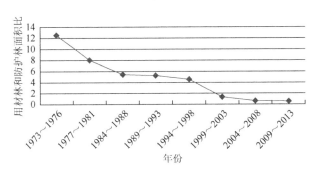

图 4-8　历次全国森林资源清查用材林、防护林面积比

资料来源：根据表 4-11 计算得出

历次全国森林资源清查数据资料表明，无论是从面积抑或是从蓄积来看，尽管总体上我国森林林种结构是在不断完善的，然而单从某个林种的发展过程来看，仍存在很多不足和待完善之处。对这一问题的清晰、正确认识，对我国森林质量的不断提高和森林生态环境效益的有效发挥都有着积极的作用。

（三）近自然程度结构变化分析

天然林是森林的主体，天然林在生物多样性方面所具有的天然优势，使其在抵抗病虫害、改善群落结构、提高林分生产力及维持生态平衡等方面具有较人工林更显著的作用，具有更高的生态价值、环境价值和社会经济价值。近自然程度越高的森林，其所能发挥的综合效益越高，因此，森林中天然林所占比重直接影响和决定着我国生态环境的改善与林产品供给能力的提高，是决定森林质量总体水平的重要指标之一。

从历次全国森林资源清查天然林和人工林面积、蓄积指标变化可以看出（表4-12），我国天然林面积、蓄积总体均呈现出增长态势，分别由第一次全国森林资源清查时的 9609 万公顷增至第八次全国森林资源清查时的 12 184 万公顷，由第一次全国森林资源清查时的 748 268 万立方米增至第八次全国森林资源清查时的 1 229 600 万立方米，总增幅分别为 26.80% 和 64.33%，年均增幅分别为 0.60% 和 1.25%。人工林面积、蓄积增长幅度较大，分别由第一次全国森林资源清查时的 2369 万公顷增至第八次全国森林资源清查时的 6933 万公顷，由第一次全国森林资源清查时的 16 437 万立方米增至第八次全国森林资源清查时的 24.83 亿立方米，总增幅分别达到 192.66% 和 1410.62%，年均增幅分别达到 2.72% 和 7.02%。

表 4-12　历次全国森林资源清查天然林、人工林面积、蓄积变化[71, 74-76]

年份	天然林		人工林	
	面积/万公顷	蓄积/万立方米	面积/万公顷	蓄积/万立方米
1973～1976	9 609	748 268	2 369	16 437
1977～1981	8 791	770 488	2 781	27 349
1984～1988	8 847	756 164	3 101	52 985
1989～1993	8 727	837 519	3 425	71 198
1994～1998	10 697	907 265	4 667	101 299
1999～2003	11 576	1 059 300	5 326	150 500
2004～2008	11 969	1 140 200	6 169	196 100
2009～2013	12 184	1 229 600	6 933	248 300

从历次全国森林资源清查天然林、人工林面积占天然林和人工林面积总和的比重变化（图 4-9）可以看出，天然林面积所占比重总体呈现出下降趋势，由第一次全国森林资源清查时的 80.22% 降至第四次全国森林资源清查期间的 71.82%，下降了 8.4 个百分点，此后向下降速度有所减缓，由第五次全国森林资源清查期间的 69.62% 降至第八次全国森林资源清查期间的 63.73%，下降了 5.89 个百分点。而人工林面积所占比重总体上呈现出上升趋势，由第一次全国森林资源清查时的 19.78%，上升至第八次全国森林资源清查期间的 36.27%，上升了 16.49 个百分点。天然林八次全国森林资源清查中总共下降 16.49 个百分点，而人工林总共上升 16.49 个百分点，人工林上升百分比等于天然林下降百分比，这一转变势必对森林整体质量带来很大影响。

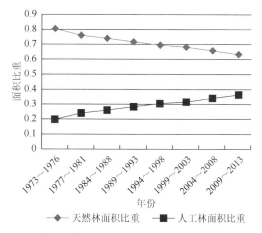

图 4-9　历次全国森林资源清查天然林、人工林面积占天然林和人工林面积总和的比重变化[74-76]

天然林的减少,从很大程度上影响着我国森林总体质量水平。从对天然林变化趋势分析不难看出,尽管天然林面积、蓄积量有所增加,然而天然林所占比重在八次全国森林资源清查中却呈现直线下滑趋势。

三、病虫害情况

森林病虫害是林木生长和成林成材的一大灾害,在林木生长的每一个过程中都有可能受到病虫害的侵害。而人工林物种的单一,极大地削弱了生物控制机制,一些种类的昆虫因为没有了天敌制约,大量繁殖,种群爆炸,以致成为危害森林的"害虫"[25]。森林病虫害是影响森林质量的一个重要因素,病虫害发生面积占有林地面积的比重,可以表明森林病虫害的严重程度,是反映森林质量高低的重要指标之一。

从图 4-10 不难看出,病虫害发生面积总体呈现出较快的上升趋势,从 1952 年4.92 万公顷,增至 1972 年的 238.84 万公顷,1992 年达到 853.32 万公顷,到 2003 年达到 888.74 万公顷,甚至在 1991 年出现了 1168.61 万公顷的极大值,短短半个世纪,病虫害发生面积猛增 238 倍。随着我国防治森林病虫害力度的不断加大,1991 年以后病虫害发生面积总体出现减少趋势。

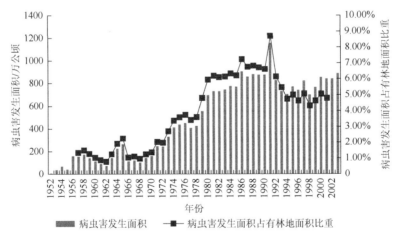

图 4-10　历次全国森林资源清查病虫害发生面积比重变化[76]

病虫害发生面积占有林地面积比重变化趋势(图 4-10)与病虫害发生面积变化趋势大体一致。由 1957 年的 1.35%,曲折上升至 1991 年的 8.74%,此后出现较为平缓的下降趋势,2001 年降为 4.80%。

数据表明，病虫害发生面积仍处于一个较高水平上，病虫害发生面积占有林地面积比重仍较高，因此，我国森林病虫害状况仍有待进一步改善，森林质量有待进一步提高。

第三节 我国森林质量现状

连续八次的全国森林资源清查结果显示，我国森林资源发生了巨大变化，森林面积、蓄积逐步增长。特别是 20 世纪末及进入 21 世纪以来，我国林业贯彻"生态建设、生态安全、生态文明"的战略思想，坚持"严格保护、积极发展、科学经营、持续利用"的指导方针，实施以生态建设为主的林业发展战略，森林资源增长速度明显加快，森林保护与发展取得了显著成绩，并进入了一个新的发展阶段。

根据第八次全国森林资源清查资料，随着我国森林总量的增加、森林结构的改善和质量的提高，森林生态功能进一步得到增强，中国林业科学研究院依据第八次全国森林资源清查结果和森林生态定位监测结果评估，我国森林植被总碳储量为 78.11 亿吨；森林生态系统年涵养水源量为 4947.66 亿立方米，年固土量为 70.35 亿吨，年保肥量为 3.64 亿吨，年吸收大气污染物量为 0.32 亿吨，年滞尘量为 50.01 亿吨。仅固碳释氧、涵养水源、保育土壤、净化大气环境、积累营养物质及生物多样性保护等 6 项生态服务功能年价值达 10.01 万亿元。

然而从我国目前的生态环境状况来看，情况不容乐观。第八次清查以来全国荒漠化土地面积 262 万平方千米，占国土面积的 27.3%，而且还在以平均每年 3436 平方千米（相当于一个中等县的面积）的速度不断扩大，总体上仍呈恶化趋势；我国水土流失面积 267 万平方千米，占国土面积的 27.8%，每年还在以 100 万公顷的面积增加；由于江河源头植被破坏严重，我国洪涝频繁和严重干旱双重问题日益加剧。这些生态环境问题与我国森林质量存在的问题有着密切联系。

一、林地生产力

（一）单位面积蓄积量

从第八次全国森林资源清查结果来看（表 4-13），我国林分面积达 20 800 万公顷，蓄积达 151.37 亿立方米，单位面积蓄积量为 89.79 米^3/公顷。第八次全国森林资源清查中，尽管林分面积和蓄积呈现出较好的增长态势，但与面积、蓄积等数量指标相比，林分单位面积蓄积量无显著增加，森林质量不高的事实依然严峻。

表 4-13　第七次和第八次全国森林资源清查期间林分单位面积蓄积量对比[68, 72]

年份	面积/万公顷	蓄积/万立方米	单位面积蓄积量/(米³/公顷)
2004~2008	16 097	1 372 100	85.24
2009~2013	20 800	1 513 700	89.79

在第八次全国森林资源清查中（表 4-14），我国天然林面积为 12 184 万公顷，蓄积为 122.96 亿立方米；而人工林面积 6933 万公顷，蓄积 24.83 亿立方米，人工林面积仍位居世界首位。而天然林每公顷蓄积量在第八次全国森林资源清查期间达到 104.62 立方米，人工林每公顷蓄积量则仅为 52.76 立方米，与第七次全国森林资源清查相比，天然林和人工林单位面积蓄积量均呈现出较好的增长态势，每公顷增加绝对量分别为 5.98 立方米和 20.97 立方米。

表 4-14　第七次和第八次全国森林资源清查期间天然林、人工林单位面积蓄积量对比[74-76]

年份	天然林			人工林		
	面积/万公顷	蓄积/万立方米	单位面积蓄积量/(米³/公顷)	面积/万公顷	蓄积/万立方米	单位面积蓄积量/(米³/公顷)
2004~2008	11 969	1 140 200	98.64	6 169	196 100	31.79
2009~2013	12 184	1 229 600	104.62	6 933	248 300	52.76

然而从区域来看，林地生产力差异较大。从第八次全国森林资源清查来看，有些省市，如山西、山东、湖北、北京、浙江、河北、天津，林分每公顷蓄积量不足 40 立方米。全国有 19 个省区市的林分郁闭度不足全国平均水平，其中上海、宁夏、新疆林分郁闭度仅为 0.40；林分平均胸径高于全国平均水平的仅有新疆、甘肃、青海、天津、四川、吉林、云南、陕西 8 个省区市。

（二）森林生长量

从第八次全国森林资源清查来看（表 4-15），活立木总生长量为 152 000 万立方米，年均生长量为 30 400 万立方米，有林地年生长量为 80 865 万立方米，有林地每公顷年生长量为 4.23 立方米。与第七次全国森林资源清查相比，各指标均呈现出不同程度的增长趋势，增幅最大的为活立木年均生长量，达 35.35%，最小的为有林地每公顷年生长量，为 9.87%。

表 4-15　第七次和第八次全国森林资源清查期间森林生长量、生长率对比[74, 75, 77]

年份	活立木总生长量/万立方米	活立木年均生长量/万立方米	有林地年生长量/万立方米	林木平均年生长率	有林地每公顷年生长量/立方米
2004~2008	112 300	22 500	69 831*	5.09%*	3.85
2009~2013	152 000*	30 400	80 865*	—	4.23

注：有林地年生长量、林木平均年生长率第七次全国森林资源清查指标（带*指标数值）根据有林地每公顷年生长量和有林地面积、蓄积推算得出；活立木总生长量、有林地年生长量第八次全国森林资源清查指标（带*指标数值）根据第七次全国森林资源清查活立木总蓄积量和有林地每公顷年生长量、有林地面积推算得出；其他数据来源于相关文献公布的数据

（三）森林郁闭度和总生物量

第八次全国森林资源清查，我国森林平均郁闭度达到了 0.57，与第七次全国森林资源清查期间的 0.56 相比，略有提高。而森林总生物量则稳步增加，第八次全国森林资源清查期间的 170.02 亿吨，比第七次全国森林资源清查期间的 157.70 亿吨增加了 12.32 亿吨。

二、林分构成

（一）林龄结构

第八次全国森林资源清查结果显示（表 4-16），我国幼龄林面积、蓄积存量分别为 5332 万公顷和 16.3 亿立方米；中龄林面积、蓄积存量分别为 5311 万公顷和 41.06 亿立方米；近熟林面积、蓄积存量分别为 2583 万公顷和 30.34 亿立方米；成熟林面积、蓄积存量分别为 2176 万公顷和 35.64 亿立方米；而过熟林面积、蓄积分别为 1058 万公顷和 24.45 亿立方米。与第七次全国森林资源清查期间各林龄面积存量相比，均呈现出较好的增长态势，其中以成熟林面积增加值最大，增加了305 万公顷；而中龄林、幼龄林面积增加值分别为次低和最低，分别为 110 万公顷和 70 万公顷。

表 4-16　第七次和第八次全国森林资源清查期间林分各林龄面积、蓄积对比[68, 72]

年份	幼龄林		中龄林		近熟林		成熟林		过熟林	
	面积/万公顷	蓄积/万立方米	面积/万公顷	蓄积/万立方米	面积/万公顷	蓄积/万立方米	面积/万公顷	蓄积/万立方米	面积/万公顷	蓄积/万立方米
2004~2008	5 262	148 777	5 201	386 142	2 305	264 983	1 871	315 872	919	220 485
2009~2013	5 332	163 000	5 311	410 600	2 583	303 400	2 176	356 400	1 058	244 500

第八次全国森林资源清查结果显示（图4-11），各林龄面积、蓄积构成悬殊，幼龄林面积所占比重达 32.39%，蓄积所占比重仅为 11.03%；近熟林面积所占比重仅为 15.69%，蓄积所占比重为 20.53%。与第七次全国森林资源清查相比，近成熟林面积所占比重略有提高，而成过熟林面积所占比重略有提升。

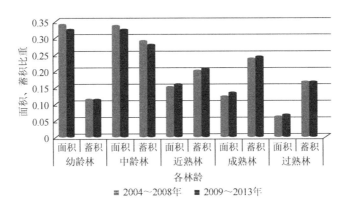

图4-11　第七次和第八次全国森林资源清查期间各林龄面积、蓄积构成对比

资料来源：根据表4-16计算得出

第八次全国森林资源清查人工林统计结果显示（表4-17），人工林中幼龄林面积居于首位，高达1866万公顷，中龄林次之，为1514万公顷，再次为近熟林、成熟林和过熟林，面积分别为668万公顷、510万公顷和149万公顷；而蓄积量最高的为中龄林，为9.27亿立方米，其次是近熟林，为5.81亿立方米，再次为成熟林、幼龄林、过熟林，分别为4.84亿立方米、3.57亿立方米和1.34亿立方米。与第七次全国森林资源清查相比，各林龄无论是面积抑或是蓄积均呈现出不同程度的增加。

表4-17　第七次和第八次全国森林资源清查期间人工林各林龄面积、蓄积对比[76]

年份	幼龄林		中龄林		近熟林		成熟林		过熟林	
	面积/万公顷	蓄积/万立方米	面积/万公顷	蓄积/万立方米	面积/万公顷	蓄积/万立方米	面积/万公顷	蓄积/万立方米	面积/万公顷	蓄积/万立方米
2004~2008	1 583	32 540	1 357	79 925	556	44 701	376	33 936	98	8 275
2009~2013	1 866	35 700	1 514	92 700	668	58 100	510	48 400	149	13 400

从第八次全国森林资源清查人工林各林龄面积构成结果来看（图4-12），人工林各林龄面积、蓄积所占比重悬殊。总体来看，幼龄林、中龄林面积均占较高比重，而近熟林、成熟林和过熟林则较低。其中，幼龄林面积所占比重高达39.64%，中龄林为32.16%，而近熟林、成熟林和过熟林分别仅占14.19%、10.83%和3.17%。从蓄

积所占比重来看，中龄林居于首位，为 37.33%，近熟林、成熟林次之，分别占 23.40% 和 19.49%，而幼龄林、过熟林仅占 14.38% 和 5.40%。与第七次全国森林资源清查相比，近成熟林面积由第七次全国森林资源清查时的 23.48% 增至第八次全国森林资源清查时的 25.03%，增加了 1.55 个百分点；成过熟林面积则由第七次全国森林资源清查时的 11.94% 增至第八次全国森林资源清查时的 14.00%，增加了 2.06 个百分点。

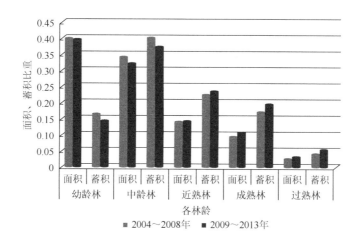

图 4-12　第七次和第八次全国森林资源清查期间人工林各林龄面积、蓄积构成对比

资料来源：根据表 4-17 计算得出

（二）林种结构

从第八次全国森林资源清查各林种结构来看（表 4-18），防护林面积和蓄积均位居首位，分别达到 9967 万公顷和 79.48 亿立方米；用材林次之，面积和蓄积分别为 6724 万公顷和 46.02 亿立方米。与第七次全国森林资源清查相比，第八次清查产生了较为显著的变化，防护林面积由第七次全国森林资源清查时的 8308 万公顷快速增至第八次全国森林资源清查时的 9967 万公顷，而用材林面积则由第七次全国森林资源清查时的 6416 万公顷升至第八次全国森林资源清查时的 6724 万公顷。

表 4-18　第七次和第八次全国森林资源清查期间各林种面积、蓄积对比[76]

年份	用材林		防护林		薪炭林		特种用途	
	面积/万公顷	蓄积/万立方米	面积/万公顷	蓄积/万立方米	面积/万公顷	蓄积/万立方米	面积/万公顷	蓄积/万立方米
2004～2008	6 416	422 700	8 308	735 000	175	3 900	1 198	174 600
2009～2013	6 724	460 200	9 967	794 800	177	5 900	1 631	217 000

从第八次全国森林资源清查各林种面积所占比重来看（图4-13），用材林面积、蓄积所占比重略低于防护林面积、蓄积所占比重。而特种用途林面积、蓄积比重则呈现较好的增加态势，分别为由第七次全国森林资源清查时的7.44%增至第八次全国森林资源清查时的8.82%，由第七次全国森林资源清查时的13.07%增至第八次全国森林资源清查时的14.68%，增幅显著。

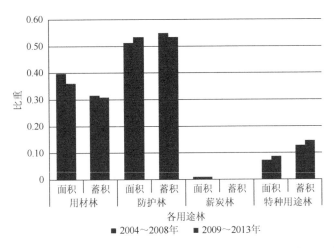

图4-13　第七次和第八次全国森林资源清查期间各林种面积、蓄积比重对比

资料来源：根据表4-18计算得出

（三）近自然程度结构

从第八次全国森林资源清查中天然林和人工林面积比重来看（表4-19），天然林面积为12 184万公顷，占有林地面积比重63.73%，而人工林面积为6933万公顷，占有林地面积比重为36.27%。与第七次全国森林资源清查相比，天然林面积绝对值略有增加，而天然林占有林地面积比重相对值却略有下降，由第七次全国森林资源清查时的65.99%降至第八次全国森林资源清查时的63.73%；而人工林面积绝对值增幅显著，占有林地面积比重也显著增加，由第七次全国森林资源清查时的34.01%增至第八次全国森林资源清查时的36.27%，增加了2.26个百分点。

表4-19　第七次和第八次全国森林资源清查期间天然林、人工林占有林地面积比重对比[74-76]

年份	天然林面积/万公顷	人工林面积/万公顷	天然林占有林地面积比重	人工林占有林地面积比重
2004～2008	11 969	6 169	65.99%	34.01%
2009～2013	12 184	6 933	63.73%	36.27%

三、病虫害情况

根据第八次全国森林资源清查结果，2009～2013 年，我国乔木林受灾面积为 2876 万公顷，占乔木林总面积的 17.47%。其中，受灾面积中重度灾害的占 10.75%，中度灾害的占 23.11%。受灾面积中遭受气候灾害的占 51.01%，遭受森林病虫害的占 36.66%，遭受火灾的占 8.86%，遭受其他灾害的占 3.47%。按林木生长发育状况和受灾情况，评定乔木林健康状况，处于健康等级的面积占 74.50%，处于亚健康、中健康和不健康等级的面积分别占 18.57%、4.87% 和 2.06%[68]。

第四节　国际对比

与亚洲和世界平均水平相比，我国森林质量总体上偏低。2015 年数据显示，林地生产力方面，世界平均单位面积蓄积量为 110.7 米³/公顷，亚洲平均单位面积蓄积量为 82.4 米³/公顷，而我国单位面积蓄积量仅为 67.2 米³/公顷，比亚洲平均水平低 15.2 米³/公顷，比世界平均水平低 43.5 米³/公顷，居世界第 84 位；世界森林总蓄积量为 3840.04 亿立方米，亚洲总蓄积量为 469.43 亿立方米，而我国总蓄积量仅占世界总蓄积量的 3.45%，仅为亚洲总蓄积量的 28.24%；世界生物量总量为 4863.44 亿吨，单位面积生物量为 144.7 吨/公顷，我国单位面积生物量仅为世界平均水平的 42.71%，总量仅占世界的 2.51%；世界生物质碳储量总量为 2404.39 亿吨，单位生物质碳储量为 71.5 吨/公顷，而我国生物质碳储量仅占世界总量的 2.54%，每公顷生物质碳储量仅为 31.0 吨，不到世界平均水平的 50%（表 4-20）。

表 4-20　2015 年世界各地区森林质量状况

国家或地区	蓄积量		生物量		生物质碳储量	
	平均水平/(米³/公顷)	总量/亿立方米	平均水平/(吨/公顷)	总量/亿吨	平均水平/(吨/公顷)	总量/亿吨
非洲	101.7	638.57	191.3	1201.39	95.4	599.23
亚洲	82.4	469.43	114.9	653.96	57.0	324.56
欧洲	107.3	1062.76	87.7	875.09	43.7	436.14
中美洲	129.7	28.67	238.7	41.69	119.4	20.86
南美洲	154.9	944.63	224.0	1514.64	110.1	744.64
北美洲	111.1	681.01	125.1	379.29	62.6	189.64
大洋洲	35.7	10.77	113.5	186.60	51.2	84.14
世界	110.7	3840.04	144.7	4863.44	71.5	2404.39
中国	67.2[1)	132.55	61.8	121.91	31.0	60.96

注：1）此处每公顷蓄积量 67.2 立方米与前文中提到的森林单位面积蓄积量、林分每公顷蓄积量指标数值由于统计口径不一致，数值不一致。为使各章节的对比分析结果具有可比性，在不同章节选取了相应数值

从国家之间森林面积的对比来看（表 4-21），我国森林面积排在世界第五位，但单位面积蓄积量仅高于印度，仅约为刚果民主共和国的 1/3，为巴西的 39.29%；从生物质碳储量方面看，我国每公顷生物质碳储量仅为 33 吨，低于其他国家，从总量看，我国生物质碳储量总量为 67.87 亿吨，仅占巴西的 11.46%。我国林木平均生长率为 3.98%，每公顷林分平均年生长量为 3.36 立方米，仅为林业发达国家的 50%。

表 4-21　2015 年世界森林面积前 10 位国家森林质量状况比较

国家	面积排序	森林面积/万公顷	蓄积量		生物质碳储量	
			平均水平/(米³/公顷)	总量/亿立方米	平均水平/(吨/公顷)	总量/亿吨
俄罗斯	1	81 493.1	100	814.88	40	328.00
巴西	2	49 353.8	196	967.45	120	592.22
加拿大	3	34 706.9	—	—	—	—
美国	4	31 009.5	131	406.99	56	173.30
中国	5	20 832.1	77	160.02	33	67.87
刚果民主共和国	6	15 257.8	230	351.15	127	194.41
澳大利亚	7	12 475.1	—	—	—	—
印度尼西亚	8	9 101.0	112	102.27	137	124.88
秘鲁	9	7 397.3	120	88.91	—	—
印度	10	7 068.2	73	51.67	37	26.47

注：本表中中国数据与之前的统计口径不同

从各指标的对比分析不难看出，总体来看，我国森林质量与世界平均水平相比差距较大；与其他森林质量较高的国家和地区相比，差距相当明显。

从第三次全国森林资源清查开始，我国森林就一直保持面积和蓄积的双增长，但与森林数量的大幅增加相比，我国森林质量经历了一个由破坏到改善的过程，无论是林地生产力、林分结构方面，抑或是森林病虫害方面，大多数指标呈现出先下降后上升的趋势，也有一些指标呈现出较好的稳步增长趋势。然而总体来看，现阶段我国森林质量较低，主要表现在：林分生产力低，结构不合理，林分质量差，大量消耗生态系统稳定、整体质量最高的原始（天然）林，森林病虫害及火灾等问题加剧。从国际对比来看，我国森林质量低于世界平均水平，距离亚洲平均水平仍有一定距离，与其他林业发达国家和地区相比，差距更为明显。

在森林生态系统经营过程中，森林社会经济、生态效益的发挥不仅取决于森林数量的提高，更依赖于森林质量的改善，不断提高森林质量是我国森林生态系统经营的核心。我国森林数量与质量的不平衡，以及与世界平均水平和林业发达国家及地区先进水平的差距，既反映了我国森林质量不高的现状，也表明了森林生产力还有较大的提高潜力。因此，提高森林质量应成为我国解决木材供求矛盾、改善生态环境、保护生物多样性和应对气候变化的重要途径。

第五章 我国森林质量影响因素理论探讨

森林质量及变化主要取决于自然和社会经济两大因素，表现为社会经济因素与自然因素相结合而发挥作用。自然因素对森林质量的影响是经过长期积淀逐渐演化而成的，具有不可预测的特点，且对森林质量造成的影响在短期内不易观察。自然因素决定着森林质量的根本，是森林质量影响因素主要的和基本的构成要素，直接决定了社会经济等人为因素影响的效果。而社会经济因素通过对森林利用、经营和管理等方式而作用于森林质量，与自然因素相比，具有相对较好的可控性，而且良好的社会经济条件可以有效调节不确定的自然因素对森林质量的影响。

第一节 我国森林质量社会经济影响因素现状分析

天然林是我国森林的主体，是森林生态系统的主要组成部分，是人类社会赖以生存和发展的重要物质基础，在国家经济和生态建设中发挥着重要的作用。从经济发展来看，为求得短期经济效益，毁林开荒、过量砍伐木材、征占有林地致使天然林大幅度减少，林分质量明显下降[80, 81]。李锋[82]认为，长期以来，由于国民经济建设对木材需求的压力，更由于违背森林生长发育的自然规律和林业经济规律，重砍轻育、过量采伐、采伐速度大于更新速度造成对天然林资源毁灭性的破坏。从我国实际情况来看，我国对木材的需求无疑是巨大的，仅依靠进口不能从根本上满足我国对林产品的需求。我国人工林面积尽管在世界上居于首位，但是林地生产力低，尚不能从根本上替代天然林，从而造成对天然林的过度依赖，导致天然林质量下降[25]。从政策实施角度来看，沈孝辉[25]认为，指导我国林业发展的理论滞后导致我国长期坚持了"采掘式"的森林经营模式，在这样的指导思想下，国有原始林区管理经营粗放、技术落后、重取轻予、超限额采伐等问题一直没有得到重视和改变，经历这样一条曲折的林业发展之路，森林质量整体下降在所难免。

人工林是陆地生态系统的重要组成部分，在恢复和重建森林生态系统、提供林木产品、改善生态环境等方面起着越来越大的作用。从自然技术因素角度来看，我国分布在气候低潜力区的人工林面积偏大、林地立地质量不高，土壤中各元素含量不同（如含钙量、含钾量等）[83]、土壤层厚度不合理[83]、林分龄组面积比例不合理等自然因素会导致我国人工林质量下降[84]。受气候（包括大气污染）、地貌、地形条件的影响，由于自然地理和生态系统内部存在差异，热带、亚热带地区的人工林比温带地区人工林易发生衰退[85]。从社会经济角度来看，集体林生产力低，为经济利益而不能遵循适地适树原则，加之经营中科技技术含量低下、投入资金不足，还有一些人为破坏因素等，也是造成我国人工林质量下降的一个原因[81, 86, 87]。从政策角度来看，多年来我国重造林而轻经营，对林地的具体经营目标不明确、经营措施不配套，计划经济体制下造林数量与领导政绩挂钩，导致重数量而轻效果，人工林质量不好是不可避免的[88]。此外，森林经营管理方式与强度、林分结构的不合理[87, 89]也会致使森林质量下降。有研究学者[81, 90, 91]认为森林病虫害是造成森林质量低下的主要原因，并指出种类繁多的森林病虫害对各种林木都具有现实或潜在的灾害性，且森林遭受病虫害破坏最直接的影响是部分树木枯死、林相破损，更严重的影响是林木生长量下降，成为劣质林分[81, 90]。

还有一些研究学者在分析我国森林质量普遍不高的原因时认为，影响森林质量和功能的主要因素不全是技术问题，主要是管理问题；不全是客观原因，主要是人为因素；不全是自然原因，主要是社会原因[92]。总体上讲，森林质量不高的原因是森林产权不清、体制僵化、机制不活，是社会、政治、经济、文化、科技等和谐程度不高的综合反映。体制僵化导致森林经营者没有办法提高森林质量；产权关系模糊、残缺影响了森林经营者提高森林质量的积极性；粗放型经济发展方式是森林质量低下的思想根源；不重视森林经理工作、经营者普遍缺乏经营预期、森林灾害较多导致森林质量进一步下降。

此外，一些学者对典型地区森林培育质量、造林质量的影响因素进行了分析。如闫喜军等[93]在分析伊春林区森林培育质量时指出，影响当前森林培育质量的主要因素有：第一，计划经济时期形成的思维观念和政策机制仍主导着人们的思想与行为；第二，森林培育市场化程度较低，公益林培育由政府提供，市场生产的观念比较淡，商品林生产按市场规律运行的机制尚未完成，国家投资不足，社会融资渠道又不通畅，林业产业发展缓慢，生态建设后劲不足，森林可持续经营的内外环境有待优化；第三，人工林大多为单层纯林，林分结构简单，林地生产力低下，生态系统不稳定，森林多种功能得不到有效发挥；第四，低质低效林改造、珍贵用材树种和经济林培育没有引起广泛及足够的重视，落实力度不够，影响森林质量的提高和林业的长远发展；第五，营造混交林、珍贵阔叶林的技术措施尚不完善，投资跟不上，林分结构调整进程缓慢。姚建勇和殷建强[94]将贵州省造林质量问题形成的原因总结为：①造林工程任务量过大，常出现政府行政命令多、业务部门和生产单位搞突击、不注重造林质量现象；②造林难以做到适地、适树、适种源，造林效果差；③造林工程资金缺口较大，致使造林无法按工程设计进行工程实施及管理；④缺乏有效的监督机制和方法。

第二节　我国森林质量社会经济影响因素理论分析

目前，有关森林数量变动与社会经济发展关系之间的研究相对较多，且在这一领域相关问题上已基本达成共识，即以资源环境代价换取经济发展的不合理的生产生活方式，造成了森林的严重破坏和消亡，引起了一系列的环境问题。然而，现阶段单独对森林质量与社会经济发展之间关系的研究相对较少，本章试图对社会经济因素与森林质量之间的相关关系进行初步的理论分析，以明确各社会经济因素对森林质量的影响[95]。

一、经济因素对森林质量变化的影响

大量研究认为，经济发展阶段和水平决定了森林资源利用的方式与程度，并成为近代森林消长变动的主要影响因素。从人类长期的历史进程和发达国家的发展历程来看，森林与经济增长大致经历了随着经济增长森林先遭到破坏而后得到保护和逐渐恢复的过程。在我国，从工业化初期直到 20 世纪末，随着经济增长，森林大量破坏，质量下降；而 1998 年后，政府实施了林业六大重点工程，加快了森林恢复步伐。森林是量与质的统一体，经济发展不仅影响到森林数量，也会影响到森林质量。

（一）经济发展水平与森林质量的关系

经济发展水平的提高是否能够带来森林质量的改善，目前这一问题的结论亟待确定。而从我国具体情况来看，作为世界上农村、农业比重占主要的国家之一，我国整体经济发展水平可以从总体经济增长和农村经济增长两个方面进行考察。

1. 总体经济增长与森林质量的关系

中华人民共和国成立初期，国家百废待兴，发展经济、提高人们物质生活水平成为阶段性首要任务，这一过程对木材、燃料等自然资源的依赖性十分强，对森林资源的消耗也必不可少。当时以“会战”的方式从全国各地调集数以百万的人马集中开发东北林区和西南林区，相继建立了以采伐为主的 130 多个森林工业企业，以致林业产值曾位居国民经济各部门的前几位。在人均 GDP 较低水平阶段，这种“重取轻予，重采轻造”的林业发展模式，使我国森林资源在这一时期遭到

严重破坏，从而造成一些森林质量指标从第一次全国森林资源清查到第二次全国森林资源清查呈现出下降趋势。

随着经济发展水平提高，国家逐渐意识到在发展经济过程中对森林资源等自然资源的破坏所带来的严重后果，如环境污染、气候变化等，随后实施了一系列措施，如林业部门提出了"以营林为基础，采育结合，造管并举，青山常在，永续利用"的方针，并实施了以全民义务植树活动、"三北"防护林工程和消灭宜林荒山为代表的一系列措施，以弥补在前期给资源带来的破坏。然而这一时期的林业发展将注意力全部集中在森林资源数量的扩张上，而对质量的关注几乎没有。加之林木成材需要一个较长时期，而我国森林质量遭到破坏的状况持续已久，提高质量也需要一个长期的过程，从而造成森林质量在第二次、第三次全国森林资源清查过程中改善困难甚至持续下滑。

我国现阶段经济发展速度快、效率高，且相对经济发达国家来说，我国有后发优势，已从发达国家的发展历程中汲取了资源与经济协调发展的经验教训，近些年也已经采取了一系列强有力的措施，改善我国经济发展与资源可持续利用之间的关系，这些都从很大程度上缓解了对森林资源的压力，从而对森林质量起到了一定的维护作用，因此在第七次和第八次全国森林资源清查中森林质量已开始出现改善的趋势。

尽管我国经济发展对森林质量的积极效应发挥并不显著，但从整体情况来看，经济增长带来的森林质量改善作用在第七次和第八次全国森林资源清查中已经开始有所体现，因此，本书认为我国森林质量的库兹涅茨曲线已经进入后期，社会经济发展对森林质量的影响已由破坏向改善作用转变。综上所述，我国经济增长对森林质量具备改善的作用，且随着经济增长，森林质量改善的作用将更加显著。

2. 农村经济增长与森林质量的关系

农村经济发展水平相对落后时期，农民生活贫困，收入水平低，经济来源途径有限，人们生产、生活对森林等自然资源的依赖性较大。一方面，对粮食产品和农业用地的需求，促使农民在尽量降低自身生活成本的基础上，采取掠夺式森林经营方式，毁林开荒，破坏林地发展农业用地，以最小成本换取对他们自身而言的最大收益，达到私人边际收益最大，这样的做法直接导致森林质量退化；另一方面，受经济利益驱动，经济发展水平较低的农村地区，农民对森林所能够发挥的环境效益认识不足，受短期经济利益和一些既得利益驱动，农民粗放经营森林，他们大量的薪材需求造成的乱砍滥伐对森林造成破坏。而随着农村经济发展水平的提高、人民生活状况好转、农民收入来源渠道逐渐拓宽，农民对自然资源的依赖逐渐减少，此外，农民环境意识的逐渐增强，促使农民提高了保护森林、改善生活环境的积极性，森林质量在这一过程中得以提高。

（二）经济增长方式与森林质量的关系

经济增长方式是指推动经济增长的各种生产要素投入及其组合的方式。推动经济增长的因素很多，大致可以分为数量要素和质量要素两大类。数量要素主要包括土地、劳动力、资本等；质量要素主要包括管理、技术、知识等。一般而言，以数量要素为主实现的经济增长就是粗放型增长，以质量要素为主实现的经济增长就是集约型增长。

根据劳动力、资源和技术等生产要素在各产业中的相对密集度，产业可以分为劳动密集型、资源密集型和技术密集型等产业，而我国主要由第一产业、第二产业及第三产业组成。其中第一、第二产业主要是以劳动密集型和资源密集型为主的粗放型产业，第三产业则主要是技术密集型产业，因此，可以说产业结构是经济增长方式最直接的体现。

在经济发展的初级阶段，经济的快速发展只有通过大量的资源等数量要素投入来实现，这是各个国家经济发展过程中必经的一个阶段，我国亦不例外。中华人民共和国成立初期，我国经济处于资本原始积累时期，而在当时的国情条件下，依靠第一、第二产业发展为主的粗放型经济增长方式成为必然，自然资源成为原始积累的基本物质基础。木材作为经济建设最直接、最便利的原材料，一度成为国家经济增长的主要源动力之一，森林资源在这一阶段也遭到了严重破坏，尤其在东北林区，大量天然林被砍伐，造成森林质量快速下降。

而随着我国经济发展水平的提高，第二产业比重迅速提高，工业化发展快速崛起，然而工业化发展需要其他产业的配合与支持，农业大国的基本国情会造成工业化过程中对第一产业的依赖，采伐"绿矿（木材）"比农产品的投入产出率高得多，又比其他矿业所需要的启动资金少得多，是"最小耗能"的途径[96]。在森林资源方面，主要表现在天然林大量消耗和人工林产业快速发展上。一方面，生态系统稳定、质量较高的天然林消耗殆尽，面对工业原材料的大量需求，只能转向人工林发展；另一方面，由于人工林所选择的造林树种速生丰产，且经营强度高，由人工林的大规模发展所带来的问题也越发突出，人工林多为同龄纯林，森林生态系统的年龄结构、树种结构简单，远没有原始天然林在生态系统多样性、物种多样性和基因多样性方面丰富，这容易导致大规模病虫害的发生，而且由于结构单一，一旦发生病虫害很难控制[97]。因此，第二产业的迅速发展刺激并加剧了我国森林严重退化。

随着我国经济增长方式逐渐从粗放型向集约型转变，我国产业结构也在不断地调整和优化，然而根据霍利斯·钱纳里（Hollis B. Chenery）关于经济发展阶段的总量标准[①]，目前我国经济发展仍处于工业化高级阶段。与经济发达国家相比，我国经济发展水平仍相对较低，经济增长压力大，还处于工业化快速发展时期。而且总体来看，无论是国家层面、省级层面，还是各县市级层面，在追求工业化快速发展过程中，始终未摆脱依靠大量自然资源投入来支持粗放型经济发展的旧路子，粗放型经济增长模式还未从根本上得以转变。例如，我国与世界先进国家的经济效率近 20 年来也是拉大的趋势，与日本相比，单位 GDP 耗能的差距 1981 年时为 6 倍，2008 年扩大到约 15 倍，日本生产每单位 GNP 所消耗的能源只是我国的 1/11[98]。经济发展模式和掠夺式的资源开发，成为造成我国森林资源大量消耗、森林质量退化、生态环境严重破坏和继续恶化的直接原因。

此外，国家总体上的粗放型经济增长方式还会造成各产业在发展过程中不可避免地采用粗放型发展方式，林业产业亦不例外。具有低科技含量、高资源消耗等特征的粗放型林产品也是导致我国森林严重破坏、森林质量下降的原因之一。

加快经济增长方式由粗放型向集约型转变的步伐，快速提高我国第三产业比重，减少对资源密集型的第二产业的依赖，可以从较大程度上减轻经济增长对森林资源带来的压力，进而有效促进森林质量的提高。

（三）投资与森林质量的关系

林业投入是指为发展林业而进行的诸多生产要素的投入，主要表现为资金投入、物质投入和劳动投入，也包括科技投入、教育投入、信息投入、管理投入等软要素投入即无形投入[99]。投资作为一个有效的生产因素，对森林资源的再生产也发挥着重要的作用[100]。在一定的制度安排和科技水平条件下，林业生产过程中生产要素的投入，尤其是资金的投入一定程度上会带来森林质量的改善。增加投资可以从林木选种苗、栽培、初期管护、后期管理等方面增加人力、物力，这可以提高林木成活率，增强树木抵抗病虫害的能力，改善林地生产力，很显著地起到改善森林质量的作用。此外，林业科技投入是一种有利的间接改善森林质量的投入形式。增加林业科技投入有助于研发各种先进的林业技术，可以在很大程度上改善林业经营作业成效，有效提高林地生产力，改良树种基因，增强林木的抗病虫害能力，达到改善森林质量的目的。

---

① 霍利斯·钱纳里关于经济发展阶段的总量标准为：按 1970 年美元计算，当人均 GDP 为 140~280 美元时，经济发展处于初级产品生产阶段；人均 GDP 为 280~560 美元时，经济发展处于工业化初级阶段；人均 GDP 为 560~1120 美元时，经济发展处于工业化中级阶段；人均 GDP 为 1120~2100 美元时，经济发展处于工业化高级阶段；人均 GDP 为 2100~3360 美元时，经济发展处于发达经济初级阶段；人均 GDP 为 3360~5040 美元时，经济发展处于发达经济高级阶段。

二、社会因素对森林质量变化的影响

（一）城镇化与森林质量的关系

城镇化是经济发展的必然趋势，是人类社会发展到一定历史阶段的必然结果。从形式来看，城镇化是城市不断向外延伸扩展、城市人口不断增多的过程。而从我国城镇化建设来看，城镇化过程中城市土地面积扩大和城市人口增多是并进的，而这一变化过程对森林质量的提高既有积极影响又不乏消极影响，但总体来看，积极影响高于消极影响，可以有效促进森林质量的改善。

一方面，从空间上看，城市土地面积的扩大可以有三种模式：一是提高城市现有土地的利用集约度，调整土地利用结构，挖掘城市土地的利用潜力；二是外延扩展城市用地规模；三是前两种模式的综合运用。我国城镇化发展前期主要采用投资少、收效快、难度小的第二种模式，由于土地资源具有多种用途的特点，在比较利益的驱动下，当一种土地用途的经济效益高于另一种土地用途时，必然会使后者产生转换原用途的驱动力[101]。而城市和工业用地的经济效益显然高于传统农业与林业，而与林业相比，农业用地见效快、投资少且风险小，由此造成城镇化对林业用地的占用也成为必然，林业用地难保，森林质量无从谈起。而我国城镇化进程的不断推进，加之城市面积扩展到一定阶段后，必然会带来城镇化的第一种模式的启用，即提高城市现有土地的利用集约度，改善土地利用效率，而这一阶段相对于上一阶段，对林业用地的侵占显著减少，一些被破坏且闲置的林业用地或宜林荒地会被重新恢复为森林，以改善城市生态环境，在这一过程中森林质量得以提高。

另一方面，从内容上看，城镇化可以分为人口非农化和经济非农化，人口非农化意味着大量农村居民转为城市居民，减少了以森林资源等自然资源为主要生活资料的农民的人口数，同时农民的减少会减轻对农业用地的压力，从某种程度上来说，减轻农业用地压力就意味着更多的林业用地可以得以保全，更多的森林资源得以保留，从而使森林质量得以恢复。而经济非农化则需要扩大吸收就业人口能力较强的第三产业以满足新增城镇人口就业的需求，而第三产业的蓬勃发展，也可以减少对森林资源等自然资源的消耗，起到促进改善森林质量的作用。

（二）人口驱动力与森林质量的关系

人口过剩、资源危机和环境污染是当代世界的三大社会问题，国外一些生态学家甚至认为，迄今为止，所有的资源环境问题和社会问题都是由人口增长引起的或因人口增长而加剧的。历史上，我国曾有约 1/2 的国土被森林覆盖，随着经济的发展和人口规模的扩大，森林面积缩减，中华人民共和国成立之初，森林覆盖率仅为 12.5%，且以次生林为主。尽管截至第七次全国森林资源清查，森林覆盖率为 20.36%，有所增加，但是我国森林蓄积为 133.63亿立方米，人口增长会使森林质量下降。人口增长对森林质量的压力主要表现在两个方面。

（1）人口增长对粮食、燃料需求增加是导致森林质量退化的根源之一。随着社会经济的发展，人口、粮食、资源、环境和经济因子之间面临更深层次的矛盾，突出表现为人口的过度增加对土地承载力的要求加大、大量的土地被开垦为耕地，其中，毁林开荒成为增加耕地的一种重要方式[102]。有学者在对我国 20 世纪 90 年代毁林开荒状况进行分析时指出，毁林开荒面积中，59.4%是有林地，20.2%是灌木林地[103]。我国是一个农业大国，木材能源是农村生产生活的主要能源之一。农业人口的快速增长，加大了对薪材的需求，也加重了对森林的压力。可见，人口增长对粮食、燃料需求增加导致了掠夺式的森林砍伐、森林面积急剧减少、原始林遭到破坏，也削弱了森林的可再生能力和基础，使森林退化严重，导致出现了今天森林生态系统脆弱的局面。

（2）人口的过快增长，必然导致人口总规模的大量增加，从而导致对各种生活用材、建筑房屋用材及木材产品需求扩大；人口的过快增长，也破坏了人类与生态环境的平衡，进一步加剧了对自然资源的过度开发利用；另外，由于历史原因，我国贫困人口比重大，而且多分布在山区和偏远地区，而这些山区和偏远地区也是森林丰富地区，森林是贫困人口最易接近的资源，贫困人口对森林的依赖度很强，为了生存，对资源的过度利用不可避免。所有这些都会对森林质量产生直接的影响。

此外，人口素质的提高对森林质量的改善作用也不容忽视。随着人口素质的提高，人们对森林质量在发挥生态环境效益方面的重要作用的认识也在不断加深。提高森林质量，进而改善森林生态环境效益的发挥，由此提高人们生活周围环境质量，从而形成良性循环。然而在现实中，靠近森林的农村居民生活文化素质总体偏低，对森林生态效益发挥重要作用的认识并不完全，也缺乏对森林质量改善的认识，加之地方农民生活水平不高，也没有充裕的经济能力顾及森林质量的提高和生态环境的改善。

综上所述，尽管随着人口的增多，森林质量表现出改善趋势，但从现实情况来看，人口问题仍是目前我国经济发展过程中的主要问题之一。人口数量对森林质量的影响是各因素的综合作用结果，因此，人口数量与我国森林质量改善有负相关关系。较低的农村人口文化素质会带来森林质量的下降，但我国人口总体文化素质呈现出逐年改善的变化趋势，因此，本书认为人口素质与我国森林质量改善有正相关关系。

（三）林业政策与森林质量的关系

市场失灵导致了政府介入，政府通过出台各项政策对市场进行干预，以期达到辅助市场的目的，"看不见的手"与"看得见的手"共同调节资源配置和经济运行。人们期望使用政府力量来弥补市场失灵的缺陷，在森林质量相关政策方面亦然。

第一，公共选择理论认为，政府只是一个抽象的概念，在现实中，政府是由政治家和官员组成的，政治家的基本行为动机也是追求个人利益最大化[104]。因此，政治家在追求其个人目标时，未必符合公共利益或社会目标，从而使广大选民的利益受损。表现在林业发展方面，中华人民共和国成立以来我国森林经营指导思想和理论随着社会经济发展也在不断变化着，但是当经营指导思想和理论落实到明确的政策上时，政府在其中所起到的作用不可忽视。重采伐利用、轻资源恢复，重植树造林、轻经营管理，重人工林培育、轻次生林经营[97]等一系列"重数量、轻质量"的政策导向造成我国森林质量难以改善、森林生态防护功能弱、经济生产能力低。

第二，正确的决策是以充分可靠的信息为依据的，现代社会化市场经济活动具有复杂性和多变性，而往往以法规、政策等形式规定日常生活的政府行为，具有垄断、强制、固定等特点，这导致政府行为的惯性较大，在市场发生新情况时，政府的反应往往滞后，从而导致政府决策无效率[105]。表现在我国林业发展中，森林经营的理论和指导思想决定着经营的方式与方法，而经营的方式与方法则决定着森林经营的成果。世界各国都根据自身森林状况不断探索适合自身森林可持续经营和管理的理论。与世界林业发达国家相比，我国森林经营管理理论相对滞后，而理论的滞后导致我国在林业发展指导思想上落后，进而带来林业政策上滞后。中华人民共和国成立初期，为满足国民经济建设和发展的需要，形成了"以木材利用为中心"和"普遍护林护山，大力造林育林，合理采伐利用木材"的林业经营思想与政策方针，现实中采取了"采掘式"的森林经营模式即经营粗放、重造林而轻经营、对林地的具体经营目标不明确。尽管此后的指导思想逐渐向森林培育与利用并重转变，形成了"以营林为基础，普遍护林，大力造林，采育结合，永续利用"的政策指导方针，但森林生态效益和森林质量在改善环境方面的重要作用仍未引起人们的充分重视。20世纪80年代初开展以全面义务植树、"三北"防护林工程和消灭宜林荒山为代表的绿化运动，都只注重于森林数量上的扩张[25]。到20世纪90年代末的特大洪涝灾害以后，以六大重点工程实施为标志，国家提出"生态建设、生态安全、生态文明"的战略思想和"严格保护、积极发展、科学经营、持续利用"的政策指导方针，逐渐向以生态建设为主转变，将提高森林质量、改善森林结构、增强森林生态功能提上森林可持续经营和管理的日程，从而使我国森林质量下降的趋势在一定程度上得以控制，使局部区域森林质量有所好转。

第三，公共选择学派认为，作为"经济人"的政府及其官员也会出现"寻租"活动[104]。"寻租"作为一种非生产性活动，只是通过某种制度安排以改变生产要素产权关系，即可做出更有利于政府自身的决策活动，这种"政府失灵"会破坏公平、公正的市场竞争原则，阻碍社会资源的合理配置，降低市场运行效率。长期以来，计划经济体制下形成的政企不分、产权虚设、责权不清的森林产权管理体制，成为导致多年来重采轻育、森林严重过伐、森林质量不断下降、生态系统功能明显退化的直接原因之一。从我国林业产权制度变化发展历程来看，中华人民共和国成立初期，国家对木材的大量需求造就了高度共有的林业产权制度，政府供给、分配、经营和管理国有森林资源，以国家计划为主的大一统的管理制度安排，客观上满足了当时国家"工业化"战略对初级生产资料的迫切需求，然而政府的"垄断性消费"也带来了森林资源的大量破坏，森林质量更无从谈起；随着改革开放的步伐不断加快，国有林区和森林工业企业进行了不同程度的以"放权让利"和市场化为主要特征的体制改革，但由于改革只涉及了经营权，而并未对资源产权做出明确划分，国有林区产权关系仍旧模糊，激励不足，产权主体和责任主体缺位，责权利严重不统一，致使森林经营者的经营收益得不到保障，从而影响其长期经营森林、提高森林质量的积极性。

尽管我国林业政策发展过程中存在着诸多问题，但从全国范围来看，专项林业政策的出台，对森林质量的改善具有直接的促进作用。

（四）科技发展与森林质量的关系

林地生产力、森林生长量、森林病虫害防治是反映森林质量的重要方面，而林地生产力和森林生长量的提高、森林病虫害有效防治的主要途径就是技术进步。因此，技术进步对森林质量具有十分重要的作用。实践中，由于各方面原因，技术进步对森林质量的影响既有积极的一面，也有消极的一面，主要体现在以下几个方面。

（1）科技进步，有利于促进生产过程中资源利用效率的提高，从而使得资源稀缺对社会经济发展的束缚程度越来越小，减少森林破坏和退化。

（2）随着经济发展，现代生物技术正在被越来越多地应用到林业研究和生产中，为改善森林质量提供了强有力的技术支持。研究表明[106]，营养繁殖技术、分子标记技术和转基因技术等现代生物技术对改善树种结构，改善树种的抗虫性、抗旱性，起到了重要作用，有助于减少病虫害发生率，提高我国人工林生产力和人工林质量。

（3）受经济利益驱动，现阶段用于开发和利用森林资源的技术水平迅速提高，对森林资源的开发利用程度也逐步加深，然而森林培育、森林资源经营和管理技术进步相比之下却相对缓慢。况且，目前我国林业科技水平同林业发达国家相比，同国内其他行业相比，都是比较落后的，数据显示，我国林业科技进步贡献率只有30.3%，远远低于全国40%的平均水平[107]。此外，这些先进技术在带来效益的同时，也会带来风险，如目前较为常见的转基因技术可使树木迅速生长，在短期内获得更多也更廉价的木材产品，经济效益显著，但也有人造基因混入了自然基因，造成基因有被污染的可能[44]。较低的技术进步水平、技术发展不平衡的现状及先进技术所带来的风险都会不同程度地影响到森林的质量。

综上所述，科技发展对森林质量的影响兼具积极和消极作用两方面，从总体发展趋势来看，积极作用高于消极作用。

三、小结

本书通过我国森林质量与各社会经济因素之间的相关性分析，从经济发展水平、经济增长方式、投资、城镇化、人口驱动力、林业政策和科技发展等方面对影响我国森林质量变化的社会经济因素进行了较为详尽的理论分析的阐述，对我国森林质量变化与社会经济发展之间所存在的关系，以及社会经济发展对森林质量的影响方向，给出初步预期。综上所述，社会经济发展对森林质量改善具有双刃剑的作用，尽管我国目前的社会经济发展对森林资源可持续发展带来了持续不断的压力，但社会经济发展对森林质量变化所表现出的积极效应也已在一些领域得以显现。

一方面，从经济因素角度来看，总体经济增长速度的加快，促使我国经济由粗放型向集约型模式快速转变，从而为森林质量的改善提供一个良好的外界环境，农村经济增长的不断加快、农民生活水平的不断提高，可以直接减少距离农村地区较近区域的森林资源破坏，从而使森林质量得以改善。此外，林业投资的增加可以较为显著地对森林质量起到积极的改善作用，然而取之于林多而用之于林少的林业投资现状不足，却在很大程度上阻碍着我国森林质量的改善。

另一方面，从社会角度来看，随着城镇化步伐的不断加快，城市人口和面积扩张达到一定水平后，对森林资源消耗和对林地破坏程度也逐渐减弱，城市经济发展水平的提高已经从一定程度上起到了改善森林质量的作用。而人口对森林质量改善带来的压力仍将持续。政策上"重数量、轻质量"的指导误区带给森林资源可持续发展诸多问题，尽管在短期内不可能完全消除这种负作用，但林业可持续发展新指导思想已经开始发挥作用，以六大重点工程建设为基础的森林可持续经营管理已初见成效，森林质量也在一定程度上得以改善。尽管科技发展从一定程度上会带来森林质量的下降，如合成树种、人造基因等可能导致自然基因受污染，引发不可控的基因突变等问题，然而从总体来看，林业科学技术的发展可以有效提高资源利用效率，对森林质量改善的作用也十分显著。

第六章　我国森林质量影响因素实证分析

森林消长变动与社会经济发展之间的数量关系，已经在文献中有所论述，得出了森林消长变化与经济发展之间存在着类似"环境库兹涅茨曲线"的"森林库兹涅茨曲线"关系，也就是说，如以人均 GDP 代表某一时期经济发展水平，则在人均 GDP 较低的情况下，森林数量不会受经济发展水平的影响或者说影响程度较低；随着人均 GDP 的提高，经济发展对森林的需求不断增多，从而导致森林数量的不断减少；人均 GDP 达到一定水平后，经济发展则会带来森林资源的改善。即森林消长与经济发展之间存在着"U"形关系[108, 109]。

森林是数量和质量的统一体，两者不能截然分开。影响数量变化的各社会经济因素在很大程度上也影响着质量变化。上一章可以反映总体的基本情况和趋势，为进一步的分析提供方向性指导。本章将通过计量经济模型对影响我国森林质量变化的因素进行定量分析，为消除地域性差异和自然环境条件的影响，在对全国森林质量定量分析的基础上，本章还将深入分析我国东北林区、西南林区及南方林区这三大林区的森林质量影响因素状况，并估计这些影响因素的模型参数。

第一节　指　标　选　取

一、选取指标

本书通过林地生产力、林分构成和病虫害情况三个方面对森林质量进行研究，考虑到数据获取困难程度和数据资料的完整性，选取林分单位面积蓄积量，人工林单位面积蓄积量，林木平均年生长率，平均郁闭度，森林总生物量，林分近成熟林面积比重，人工林近成熟林面积比重，用材林、防护林面积比，天然林面积比重及病虫害发生面积比重指标作为研究对象，归结于表 6-1。

表 6-1　森林质量指标汇总

一级指标	二级指标	三级指标	代表符号	单位
林地生产力	单位面积蓄积量	林分单位面积蓄积量	Y_1	米³/公顷
		人工林单位面积蓄积量	Y_2	米³/公顷
	生长量	林木平均年生长率	Y_3	—

续表

一级指标	二级指标	三级指标	代表符号	单位
林地生产力	郁闭度	平均郁闭度	Y_9	—
	生物量	森林总生物量	Y_{10}	亿吨
林分构成	林龄结构	林分近成熟林面积比重	Y_4	—
		人工林近成熟林面积比重	Y_5	—
	林种结构	用材林、防护林面积比	Y_6	—
	近自然程度结构	天然林面积比重	Y_7	—
病虫害情况	森林病虫害	病虫害发生面积比重	Y_8	—

注：郁闭度和生物量指标只有全国性统计，而各省区市这两个指标数据缺失数据量较大，使用补缺数据方法难以体现这两个指标的真实变化趋势，因此，这两个指标的分析仅针对全国范围，在三大林区分析中不涉及

　　已有的森林质量影响因素分析文献中，有些研究者认为社会、政治、经济、文化、科技等方面的综合协调是影响森林质量的重要社会经济因素[92]，还有些学者认为管理是影响森林质量的重要因素[110]，这表明除自然环境和条件影响外，社会经济发展等人为因素的影响对森林质量的作用也不容忽视。而相对于森林质量指标的选取，社会经济发展方面的指标选取范围相对较大。在有关社会经济因素分析的文献中，魏晓龙[111]认为影响城市用地规模的主要社会经济因素包括人口规模、城市经济发展水平、产业结构、投资、政策等；邢姝媛[112]在其硕士学位论文中引用了人均 GDP，第二、第三产业产值占 GDP 比例等指标作为经济因素，引用了第二、第三产业从业人员比例，人均科技事业费用支出，农村恩格尔系数等指标作为社会因素对农地流转进行了分析。

　　参考已有的研究文献，本书拟选取如表 6-2 所示的指标对我国森林质量变化的社会经济影响因素进行分析。

表 6-2　社会经济指标汇总

一级指标	二级指标	三级指标	代表符号	单位
经济因素	经济发展水平	人均 GDP	X_1	元
		农村居民家庭人均纯收入	X_2	元
	经济增长方式	第三产业比重	X_3	—
	投资	林业投资	X_4	万元
社会因素	城镇化	省会城市城镇人口比重 [1)]	X_5	—
	人口驱动力	总人口数	X_6	万人
		文盲人口占 15 岁及以上人口的比重 [2)]	X_7	—

续表

一级指标	二级指标	三级指标	代表符号	单位
社会因素	林业政策	天然林保护工程政策	X_8	—
		限伐政策	X_9	—
	科技发展	万人授权专利数	X_{10}	项/万人
		县级以上政府部门研发机构平均人数[3]	X_{11}	人

注：1）以下简称城镇人口比重；2）以下简称文盲人口比重；3）以下简称研发机构平均人数

从表 6-2 不难看出，涉及的社会经济指标中，一级指标 2 个，二级指标 7 个，三级指标 11 个。经济因素分成经济发展水平、经济增长方式、投资 3 个二级指标。经济发展水平下设 2 个三级指标，人均 GDP 反映人均经济水平和生活条件，农村居民家庭人均纯收入反映农村居民经济水平和生活条件；经济增长方式主要选取了第三产业比重指标；投资主要选取了影响森林质量最为直接的林业投资指标。社会因素分成城镇化、人口驱动力、林业政策及科技发展 4 个二级指标。城镇化采用了目前较为常见的城镇人口比重指标作为代表；人口驱动力分人口数量和人口质量两部分，分别用总人口数和文盲人口比重 2 个三级指标反映；林业政策选取了天然林保护工程政策（1998 年开始实施）和限伐政策（1989 年开始实施）作为代表；科技发展采用了较为常用的万人授权专利数和研发机构平均人数 2 个三级指标。

参考已有、相关的研究文献，在充分考虑到森林质量的特殊性前提下，本书将从经济因素和社会因素两个方面对影响森林质量的因素进行详尽分析，经济因素方面主要探讨了经济发展水平、经济增长方式、投资等方面；而社会因素主要涵盖了城镇化、人口驱动力、林业政策及科技发展等。各社会经济驱动因子关系如图 6-1 所示，经济因素和社会因素对森林质量的影响并不能进行严格区分，并没有某一个因素是独立对森林质量产生影响的，两类因素纵横交错、相互依赖、相互作用，共同影响着我国森林质量的变化。

二、数据来源

样本数据的收集与整理是建立计量经济模型过程中最为费时、费力的工作，也是对模型质量影响极大的工作。数据资料的数量和质量直接关系到研究结果的科学性与实用性。为此，本书本着系统、广泛、真实、权威的原则进行了数据的收集与整理。

在分析全国森林质量影响因素时，采用的是时间序列数据，而在区域性分析

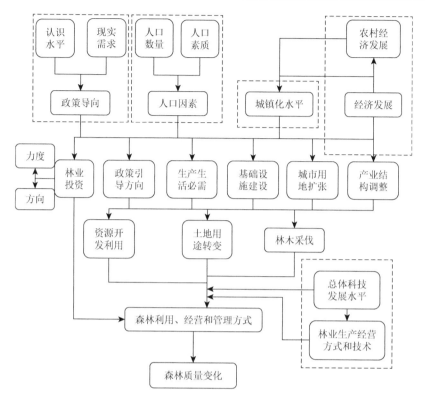

图 6-1　社会经济因素对森林质量影响机理图

中则采用的是面板数据[①]。在时间层面上，由于我国森林资源每五年清查一次，而森林资源与社会经济发展总体趋势在第六次清查后大体一致，本书将主要对前六次全国森林资源清查数据进行分析，按照第一次（1973～1976 年）、第二次（1977～1981 年）、第三次（1984～1988 年）、第四次（1989～1993 年）、第五次（1994～1998 年）和第六次（1999～2003 年）全国森林资源清查的时间顺序排列。在全国性分析中，除这六个时间点外，其余年份数据主要通过 SPSS 软件中回归插入值方法进行补缺。区域性分析中，按照东北林区（包括内蒙古、辽宁、吉林和黑龙江四个省区）、西南林区（包括四川、云南和西藏三个省区）和南方林区（包括浙江、安徽、福建、江西、湖北、湖南、广东、广西、海南和贵州十个省区）将我国分为三大主要林区，所涉及省区均直接采用六次全国森林资源清查数据资料。而对于社会经济各影响因素指标，考虑到社会进步和经济发展对森林质量影响的滞后性，在全国性分析中则选取相应清查期间的首年作为数值的对应年份，在典型区域性分析中，则选取前六

---

① 森林质量指标数据均来源于全国森林资源清查资料、林业统计年鉴、中国林业信息网、中国农业统计资料汇编、中国农业年鉴、林业科学数据中心等，社会经济指标的数据均来自相应年份的中国统计年鉴。

次全国森林资源清查开始的时间点,即 1973 年、1977 年、1984 年、1989 年、1994 年和 1999 年。

林业政策方面,天然林保护工程政策和限伐政策的开始实施年份分别为 1998 年、1989 年。本书引入了两个虚拟变量,政策实施前各年份的数值为 0,政策实施当年及实施以后各年份的数值为 1。

随着经济水平的不断提高,森林质量应呈现出增长趋势,即经济增长对森林质量应发挥积极作用。人均 GDP 和农村居民家庭人均纯收入从不同角度反映了我国经济发展水平,因此,林分单位面积蓄积量、人工林单位面积蓄积量、林木平均年生长率、林分近成熟林面积比重、人工林近成熟林面积比重、天然林面积比重、平均郁闭度和森林总生物量等正向指标(指标数值越大,说明森林质量越高)与以上提到的经济发展指标均应呈现正相关关系,而用材林、防护林面积比和病虫害发生面积比重等逆向指标(指标数值越小,说明森林质量越高)则应与这些经济发展指标呈现负相关关系。

第三产业的发展,主要依托科学技术,而对自然资源的依赖程度相对较低,因此,第三产业比重的提高,第一、第二产业比重的下降,一定程度上可以带来森林质量的改善。本书认为第三产业比重与森林质量正向指标成正比,逆向指标成反比。

林业投资的不断增多,可以对森林质量起到直接改善的效果。林业投资与森林质量正向指标成正比,逆向指标成反比。

城镇化水平的提高,意味着更多的人流向城市,从而减少了对农业用地和农村土地的需求,进而可以减缓林地的压力,从全国范围来看,有利于地处农村及偏远山区的森林质量的提高,本书认为城镇人口比重与森林质量正向指标成正比,逆向指标成反比。

人口因素是我国社会经济发展过程中影响森林质量的重要因素之一,其影响主要反映在两个方面,人口数量和人口质量。总人口数的增加意味着更多的资源需求、更大的环境压力,而人口素质越高,人们对森林质量生态环境效益重要作用的认识越为深刻,对森林质量改善的保护作用越大。因此,本书初步认为,总人口数与森林质量正向指标成反比,与逆向指标成正比,而文盲人口比重与森林质量正向指标成反比,与逆向指标成正比。

各项林业政策的出台,都是本着森林可持续发展原则进行的,因此,总体上来说,天然林保护工程政策和限伐政策对森林质量的影响都应是积极的,即与森林质量正向指标成正比,与逆向指标成反比。

科学技术的快速发展,一方面,无论是从森林的栽培、抚育,还是从森林的经营、管理等来看,都将大幅提高森林质量,提高森林质量改善的基础;另一方面,可以更为高效地利用木材,可以在很大程度上减少对森林的需求,进而促进森林质量的提高。因此,本书初步认为,万人授权专利数和研发机构平均人数与森林质量正向指标成正比，与逆向指标成反比。

以上预期分析结果汇总于表 6-3。

表 6-3　各社会经济指标预期符号汇总表

预期符号	Y_1	Y_2	Y_3	Y_4	Y_5	Y_6	Y_7	Y_8	Y_9	Y_{10}
X_1	+	+	+	+	+	−	+	−	+	+
X_2	+	+	+	+	+		+		+	+
X_3	+	+	+	+	+	−	+	−	+	+
X_4	+	+	+	+	+	−	+		+	+
X_5	+	+	+		+		+		+	+
X_6	−	−		−	−	+	−	+		
X_7	−	−		−	−	+	−	+	−	−
X_8	+	+	+	+	+	−	+		+	+
X_9	+	+	+	+	+	−	+		+	+
X_{10}	+	+	+		+		+	−	+	+
X_{11}	+	+	+	+	+		+	−	+	+

三、缺失数据处理

本书中所遇到的数据缺失主要是统计资料中个别省区市的个别指标的数据缺失。清查数据本身具有特殊性，每五年进行一次，且有些省区市的一些指标数据本身就不存在，因此这些数据缺失不会影响整个模型的有效性。对于那些本应存在但又缺失的数据，本书主要采用统计分析软件 SPSS 进行插值补缺。这一方法是目前填补缺失值较为常见的方法之一。

四、模型的选择

对于全国范围的森林质量社会经济影响因素数量分析，受数据资料所限，本书主要采取常用的多元回归模型进行分析。而对于三大林区的森林质量影响因素分析则主要采用面板数据模型。首先，各横截面数据量较小，仅有 6 个时间点上的数据，这种数据基础下，无论是建立变截距或是变系数模型，最终将得到 31 个横截面各自的回归模型，而这些模型的建立，是以 6 个时间点为依据的，这显然会产生数据量不足而导致的严重偏差；其次，基于对研究对象和研究目的的分析，本书侧重于社会经济发展对森林质量的影响程度的分析，而对各省区市之间的比较分析，则不是本书重点。因此，综合以上各因素，本书将侧重于对混合模型、固定效应模型和随机效应模型的判别。

第二节　研究区域简介

根据第八次全国森林资源清查资料，我国林区主要有东北内蒙古林区、东南低山丘陵林区、西南高山林区、西北高山林区和热带林区五大林区。五大林区的土地面积占全国国土面积的 40%，森林面积占全国的 70%，森林蓄积占全国的 90%。鉴于本书模型构建和写作时期数据资料完整性与延续性的欠缺及不足，在以上林区分类基础上，根据各地区自然环境、林业基础、森林特性等条件，将以上五大林区归并为东北林区、西南林区和南方林区等三大林区作为研究对象，分别对我国不同区域的森林质量进行更进一步的讨论，从而得出全面、客观、科学的研究结论。

一、东北林区

东北林区是我国重要的森林分布地带，是我国的重点林区，历史上蕴藏着丰富的森林资源，位居我国三大林区之首，主要包括内蒙古、黑龙江、辽宁、吉林四个省区。该区域森林资源丰富，是我国森林资源主要集中分布区之一。据调查统计，在第八次全国森林资源清查中，东北林区天然林面积为 3339 万公顷，人工林面积为 292 万公顷，天然林蓄积为 33.43 亿立方米，人工林蓄积为 1.988 亿立方米，森林总面积为 3659 万公顷，森林覆盖率为 68.82%[113]，在全国生态建设及产业发展中具有重要的战略地位。

二、西南林区

西南林区主要分布在我国西南横断山区、雅鲁藏布江大拐弯地区和喜马拉雅山南坡，是我国第二大天然林，主要包括四川、云南和西藏三个省区。在第八次全国森林资源清查中，该林区有林地面积为 3380 万公顷，占林地面积的 57.96%。活立木总蓄积为 55.28 亿立方米，占全国活立木总蓄积的 34.39%，其中森林蓄积为 52.85 亿立方米，占该林区活立木总蓄积的 95.60%[113]。

三、南方林区

南方林区主要包括湖南、湖北、江西、安徽、浙江、福建、广东、广西、海南和贵州十个省区。本书对南方林区的区域划分与第八次全国森林资源清查中东南低山丘陵林区区域大体一致。从南方林区数据资料来看，该林区第八次全国森林资源清查总面积为 6127 万公顷，森林覆盖率为 55.55%。有林地面积为 5881 万公顷，活立木总蓄积为 31.84 亿立方米，占全国活立木总蓄积的 19.59%，其中，森林蓄积为 28.95 亿立方米，占该林区活立木总蓄积的 90.92%[113]。

第三节　构　建　模　型

一、判别与检验

我们可以通过 F 检验，对混合模型和固定效应模型进行判别，而通过 Hausman（豪斯曼）检验，对固定效应模型和随机效应模型进行判别。

（一）混合模型和固定效应模型判别——F 检验

F 检验原假设：在个体效应不显著的原假设下，$\mathrm{H_0}: \alpha_1 = \alpha_2 = \cdots = \alpha_N$。如拒绝原假设，则表明混合模型优于固定效应模型；反之，则认为应建立固定效应模型。

通过 STATA10.0 统计分析软件，依次对东北林区、西南林区和南方林区三大区域各森林质量指标与各社会经济因素之间的相关关系进行检验，得出以下结果，如表 6-4～表 6-6 所示。

表 6-4　东北林区 F 检验结果

东北林区	Y_1	Y_2	Y_3	Y_4	Y_5	Y_6	Y_7	Y_8
$F(3,9)$	3.91	2.90	1.44	5.67	2.00	12.59	6.55	6.88
Prob>F	0.0485	0.0943	0.2955	0.0184	0.1839	0.0014	0.0122	0.0105
模型选择	固定效应模型	固定效应模型	混合模型	固定效应模型	混合模型	固定效应模型	固定效应模型	固定效应模型

注：全国范围内的数据充足，模型中使用的变量为 $Y_1 \sim Y_{10}$，而三大林区因各省区 Y_9、Y_{10} 数据缺失，模型中未统计这两个指标

表 6-5　西南林区 F 检验结果

西南林区	Y_1	Y_2	Y_3	Y_4	Y_5	Y_6	Y_7	Y_8
$F(2,4)$	245.63	0.32	0.98	7.82	3.87	0.65	0.40	0.42
Prob>F	0.0001	0.7441	0.4500	0.0414	0.1161	0.5678	0.6921	0.6854
模型选择	固定效应模型	混合模型	混合模型	固定效应模型	混合模型	混合模型	混合模型	混合模型

注：全国范围内的数据充足，模型中使用的变量为 $Y_1 \sim Y_{10}$，而三大林区因各省区 Y_9、Y_{10} 数据缺失，模型中未统计这两个指标

表 6-6 南方林区 F 检验结果

南方林区	Y_1	Y_2	Y_3	Y_4	Y_5	Y_6	Y_7	Y_8
F (9，39)	26.52	1.56	1.51	3.07	0.69	2.03	3.57	5.66
Prob>F	0	0.1633	0.1770	0.0070	0.7106	0.0623	0.0026	0.0001
模型选择	固定效应模型	混合模型	混合模型	固定效应模型	混合模型	固定效应模型	固定效应模型	固定效应模型

注：全国范围内的数据充足，模型中使用的变量为 $Y_1 \sim Y_{10}$，而三大林区因各省区 Y_9、Y_{10} 数据缺失，模型中未统计这两个指标

从表 6-4～表 6-6 可以看出，东北林区除 Y_3 和 Y_5 外，其余指标采用固定效应模型均优于采用混合模型；西南林区除 Y_1 和 Y_4 外，其余指标采用混合模型均优于采用固定效应模型；而对南方林区而言，Y_2、Y_3 和 Y_5 采用混合模型更适合，而 Y_1、Y_4、Y_6、Y_7 和 Y_8 则更适合采用固定效应模型。

（二）固定效应模型和随机效应模型判别——Hausman 检验

根据以上 F 检验结果，本节需对那些不符合混合模型的变量组继续进行 Hausman 检验。

Hausman 检验原假设、备择假设如下。

H_0：非观测效应与解释变量相关。

H_1：非观测效应与解释变量不相关，即解释变量是随机的。

t 统计量如显著，则拒绝原假设，认为随机效应模型优于固定效应模型；反之，则接受固定效应模型。

利用 STATA10.0 统计分析软件，得出如表 6-7～表 6-9 所示结果。

表 6-7 东北林区 Hausman 检验结果

东北林区	Y_1	Y_2	Y_3	Y_4	Y_5	Y_6	Y_7	Y_8
chi2	9.19	5.05	—	−0.39	11.59	−1.98	14.56	2.33
Prob>chi2	0.6046	0.9288	—	—	0.3136	—	0.2035	0.9969
模型选择	随机效应模型	随机效应模型	—	固定效应模型	随机效应模型	固定效应模型	随机效应模型	随机效应模型

注：置信度 90%；全国范围内的数据充足，模型中使用的变量为 $Y_1 \sim Y_{10}$，而三大林区因各省区 Y_9、Y_{10} 数据缺失，模型中未统计这两个指标

表 6-8 西南林区 Hausman 检验结果

西南林区	Y_1	Y_2	Y_3	Y_4	Y_5	Y_6	Y_7	Y_8
chi2	−5.53	—	—	−11.63	—	—	—	—
Prob＞chi2	—	—	—	—	—	—	—	—
模型选择	固定效应模型	—	—	固定效应模型	—	—	—	—

注：置信度 90%；全国范围内的数据充足，模型中使用的变量为 $Y_1 \sim Y_{10}$，而三大林区因各省区 Y_9、Y_{10} 数据缺失，模型中未统计这两个指标

表 6-9 南方林区 Hausman 检验结果

南方林区	Y_1	Y_2	Y_3	Y_4	Y_5	Y_6	Y_7	Y_8
chi2	−13.78	—	—	8.22	—	27.03	1.08	256.96
Prob＞chi2	—	—	—	0.6937	—	0.0045	0.9999	0
模型选择	固定效应模型	—	—	随机效应模型	—	固定效应模型	随机效应模型	固定效应模型

注：置信度 90%；全国范围内的数据充足，模型中使用的变量为 $Y_1 \sim Y_{10}$，而三大林区因各省区 Y_9、Y_{10} 数据缺失，模型中未统计这两个指标

从表 6-7～表 6-9 可以看出 chi2 检验值中有些为负数，产生原因有多种，西安交通大学金禾经济研究中心连玉君认为主要是模型设定有问题，导致 Hausman 检验的基本假设得不到满足。解决办法有两种：首先，对模型设定进行分析，看是否有遗漏变量问题，或某些变量是非平稳的；其次，完成第一步后仍存在该问题，则认为随机效应模型的基本假设得不到满足，需要采用工具变量法或是使用固定效应模型。本书经过各种变量的选择和检验，发现负值现象仍未解决，因此，选择固定效应模型。

二、模型结果

（一）全国森林质量影响因素模型的建立

利用全国森林资源清查数据及社会经济发展各相关代表性指标，分别建立以 $Y_1, Y_2, \cdots, Y_{10}$ 为因变量，以 $X_1, X_2, \cdots, X_{11}$ 为自变量的多元回归计量模型，具体形式见模型（6-1）：

$$Y_i = f(X_1, X_2, \cdots, X_{11}) \tag{6-1}$$

其中，因变量 Y_i 为各森林质量代表指标，i 从 1 到 10；自变量 X_i 为各社会经济影响因素代表性指标。每一模型经多次回归，剔除统计量不显著的自变量，将所得回归结果汇总于表 6-10。

表 6-10　全国多元回归分析模型结果汇总

项目	Y_1	Y_2	Y_3	Y_4	Y_5	Y_6	Y_7	Y_8	Y_9	Y_{10}
X_1	-0.50 ***	-0.59 ***	-0.43 ***	0.27 ***	-2.47 ***	5.72 ***	-0.33 ***	-2.94 ***	-0.16 ***	-0.38 ***
t	(-10.51)	(-13.71)	(-8.58)	(8.25)	(-4.93)	(7.93)	(-9.17)	(-8.54)	(-4.51)	(-24.58)
X_2	0.05 ***	0.53 ***	0.04 ***	-0.06 ***	0.50 ***		0.06 ***	0.38 ***	0.02 ***	0.05 ***
t	(12.43)	(8.69)	(4.57)	(-7.02)	(4.43)		(24.68)	(4.82)	(7.17)	(9.38)
X_3		-3.85 ***		1.03 ***	-2.09 ***			-1.52 ***		0.26 ***
t		(-12.26)		(23.99)	(-3.63)			(-3.49)		(8.21)
X_4	0.15 ***		0.13 ***	-0.07 ***	0.67 ***	-12.43 ***	0.09 ***	0.88 ***	0.05 ***	0.11 ***
t	(6.50)		(6.02)	(-4.63)	(2.88)	(-9.15)	(5.26)	(5.52)	(2.92)	(13.49)
X_5	1.08 ***	4.16 ***	1.67 ***	0.32 ***	3.65 ***	-1.83 ***	0.17 ***	3.80 ***	0.51 ***	
t	(12.50)	(13.80)	(11.20)	(4.62)	(3.61)	(-6.37)	(2.84)	(5.50)	(8.08)	
X_6	0.71 ***	2.75 ***	0.34 ***	-3.18 ***	15.13 ***	-24.26 ***	1.22 ***	9.59 ***	-0.73 ***	3.30 ***
t	(8.41)	(5.32)	(3.55)	(-46.42)	(18.48)	(-8.81)	(20.35)	(16.92)	(-11.55)	(56.32)
X_7			-0.08 ***			7.09 ***				
t			(-4.18)			(4.21)				
X_8	0.01 **		0.01			4.39 ***		0.05 *		
t	(2.26)		(1.72)			(7.12)		(1.86)		
X_9										
t										
X_{10}	0.16 ***		0.09 ***		1.07 ***	-3.16 ***	0.13 ***	1.08 ***	0.21 ***	
t	(5.43)		(2.96)		(3.48)	(-7.11)	(5.67)	(5.06)	(10.79)	
X_{11}	0.71 ***	1.26 ***	0.68 ***	-0.53 ***	4.67 ***	-7.06 ***	0.46 ***	4.55 ***	0.18 ***	0.50 ***
t	(7.18)	(9.84)	(6.22)	(-12.52)	(3.99)	(-5.89)	(6.04)	(5.53)	(4.58)	(10.65)

续表

项目	Y_1	Y_2	Y_3	Y_4	Y_5	Y_6	Y_7	Y_8	Y_9	Y_{10}
C	-9.29	-34.24	-9.89	37.37	-195.01	47.75	-11.73	-131.20	7.05	-36.37
t	(-7.54)	(-6.56)	(-11.29)	(49.78)	(-17.50)	(4.48)	(-12.58)	(-16.94)	(9.18)	(-44.69)
R^2	98.7%	99.9%	99.9%	99.9%	99.8%	99.7%	99.8%	98.8%	99.7%	99.9%
F	257	224	5 133	11 612	3 031	1 185	2 482	254	1 866	8 804
Prob	0.00	0.00	0.00	0.00	0.00	0.00	0.00	0.00	0.00	0.00

*表示显著性水平为10%，**表示显著性水平为5%，***表示显著性水平为1%

从表 6-10 不难看出，每个模型所得出的拟合系数大多数通过检验，且 99% 以上均满足 1% 的显著性水平，显著性水平较高，表明所选取自变量 X 各指标对因变量 Y 具有非常显著的影响。

根据拟合优度可以看出，各模型调整后的拟合优度均高于 98%，也就是说因变量 Y 98% 以上可以通过自变量 X 解释，各因变量 Y 与自变量 X 间存在非常强的相关关系。总体来看，本书所采用的模型具有较强的解释性。

由 F 检验值可以看出，各模型 F 检验值都非常大，且显著性水平均达到了 1%，远大于各 F 标准值，此外，在进行模型拟合过程中 STATA10.0 统计分析软件可自动剔除多重共线性较为严重的变量，综合考虑，拒绝多重共线性的原假设，表明各模型不存在多重共线性问题。

本书所有模型均采用原始数据的对数形式作为基础，得出各拟合模型结果，这一变换处理在很大程度上可以缓解多元回归中异方差问题，因此，在检验中我们默认经处理后的数据得出的模型结果满足同方差的基本假设前提。

（二）东北林区森林质量影响因素模型的建立

利用东北林区四个省区的数据，分别建立以 $Y_1, Y_2, \cdots, Y_8$ 为因变量，以 $X_1, X_2, \cdots, X_{11}$ 为自变量的面板数据模型，具体形式见模型（6-2）：

$$Y_{ij} = f(X_{1j}, X_{2j}, \cdots, X_{11j}) \tag{6-2}$$

其中，因变量 Y_{ij} 为各森林质量代表指标，i 表示第 i 个森林质量指标，从 1 到 8，j 表示 j 省区，j 为内蒙古、黑龙江、吉林和辽宁，Y_{ij} 表示 j 省区的第 i 个森林质量指标；自变量 X_{ij} 为各社会经济影响因素代表性指标，表示 j 省区的第 i 个社会经济因素。每一模型经多次回归，剔除 Z 统计量不显著的自变量，将所得回归结果汇总于表 6-11。

表 6-11　东北林区面板数据模型结果汇总

项目	Y_1	Y_2	Y_3	Y_4	Y_5	Y_6	Y_7	Y_8
X_1							0.16	
z/t							(1.84)*	
X_2		−0.71					−0.35	
z/t		(−4.56)***					(−3.14)***	
X_3				1.11			−0.32	
z/t				(1.85)*			(−1.86)*	
X_4		0.39	0.15	−0.09	0.29	−5.17		

续表

项目	Y_1	Y_2	Y_3	Y_4	Y_5	Y_6	Y_7	Y_8
z/t		$(5.20)^{***}$	$(1.94)^{*}$	(-0.97)	$(2.27)^{**}$	$(-2.81)^{**}$		
X_5							-0.56	
z/t							$(-3.07)^{***}$	
X_6	2.09			4.61	-1.61	124.15		0.71
z/t	$(2.38)^{**}$			$(2.47)^{**}$	$(-2.85)^{***}$	$(2.37)^{**}$		$(1.05)^{*}$
X_7						-32.31		-1.91
z/t						$(-3.12)^{***}$		(-1.77)
X_8						-12.37		
z/t						$(-1.86)^{*}$		
X_9			0.49	-4.29	2.25		0.97	
z/t			$(2.71)^{**}$	$(-2.15)^{**}$	$(4.42)^{***}$		$(2.82)^{***}$	
X_{10}		0.75			0.86	-11.67	-0.09	
z/t		$(6.10)^{***}$			$(3.35)^{***}$	$(-2.41)^{**}$	$(-2.02)^{**}$	
X_{11}		0.55		1.23		-13.60	-0.29	-0.27
z/t		$(7.24)^{***}$		$(1.92)^{*}$		$(-2.54)^{**}$	$(-2.53)^{**}$	$(-2.12)^{**}$
C	-12.54	2.16	-0.10	-38.43	10.30	-783.05	9.31	1.33
z/t	(-1.80)	(1.96)	(-0.15)	(-2.49)	(2.30)	(-2.06)	(7.30)	(0.22)
R^2	75.19%	88.14%	89.78%	84.16%	79.54%	85.54%	82.18%	86.54%
chi2	5.68	84.25			23.73		47.57	7.14
Prob	0.0171	0			0.0001		0	0.0675
F			6.94	2.37		4.44		
Prob			0.0049	0.0894		0.0102		

注：对固定效应模型和随机效应模型而言，STATA10.0 统计分析软件可分别计算出各模型所对应的组内、组间和总体拟合优度，而本书所给出的拟合优度值，均为模型的总体拟合优度；全国范围内的数据充足，模型中使用的变量为 $Y_1 \sim Y_{10}$，而三大林区各省区 Y_9、Y_{10} 数据缺失，模型中未统计这两个指标

*表示显著性水平为10%，**表示显著性水平为5%，***表示显著性水平为1%

从表 6-11 不难看出，每个模型所得出的拟合系数绝大多数通过检验，且显著性水平在 1%和 5%的占多数，有一些系数未通过检验，但经拟合运算过程中的不断改进，发现如果去除这些拟合结果不显著的变量，则会降低整个模型的拟合优度，并使其他系数的检验值受损，综合各方面因素考虑，对这类自变量的系数予以保留，而事实上，即使检验未通过，也可以在一定程度上反映出这个自变量对因变量的影响方向及影响程度。

根据拟合优度可以看出，各模型调整后的拟合优度均高于 75%，也就是说因变量 75%以上都可以用本书所选取的自变量予以解释，各因变量与自变量间存在

较好的相关关系。总体来看，本书所采用的模型具有较强的解释性。

考虑到面板数据的截面异方差和序列相关问题，本书直接采用了似然不相关回归方法（seemingly unrelated regression，SUR）进行回归，该方法在一定程度上可缓解和改善拟合模型的序列相关问题，而对固定效应模型和随机效应模型而言，为防止异方差问题，本书直接采用广义最小二乘法[①]（generalized least square，GLS）以缓解异方差问题，因此，检验中省去了异方差和序列相关的检验。

对于面板数据模型本身来说，多重共线性（multicollinearity）问题，在STATA10.0 统计分析软件运算过程中自动予以处理，因此所得到的结果不需要对多重共线性问题再做进一步的检验。

（三）西南林区森林质量影响因素模型的建立

利用西南林区三个省区的数据，分别建立以 $Y_1, Y_2, \cdots, Y_8$ 为因变量，以 $X_1, X_2, \cdots, X_{11}$ 为自变量的面板数据模型。具体形式见模型（6-3）：

$$Y_{ij} = f(X_{1j}, X_{2j}, \cdots, X_{11j}) \tag{6-3}$$

其中，因变量 Y_{ij} 为各森林质量代表指标，i 表示第 i 个森林质量指标，从 1 到 8，j 表示 j 省区，j 为四川、云南和西藏，Y_{ij} 表示 j 省区的第 i 个森林质量指标；自变量 X_{ij} 为各社会经济影响因素代表性指标，表示 j 省区的第 i 个社会经济因素。同样地，每一模型经多次回归，剔除 Z 统计量不显著的自变量，将所得回归结果汇总于表 6-12。

表 6-12　西南林区面板数据模型结果汇总

项目	Y_1	Y_2	Y_3	Y_4	Y_5	Y_6	Y_7	Y_8
X_1	0.10			0.20			0.12	
z/t	（3.36）***			（3.62）***			（2.09）*	
X_2		−1.56			−1.60	−121.07	−0.09	
z/t		（−4.56）***			（−5.78）***	（−2.86）**	（−1.39）	
X_3	−0.44	−1.52	−0.69	−0.54		108.73	−0.35	
z/t	（−4.43）***	（−2.18）*	（−4.40）***	（−2.56）**		（1.90）*	（−3.05）**	
X_4						−24.71		
z/t						（−2.60）**		
X_5		−1.86	−1.10		−1.60			
z/t		（−2.86）**	（−8.52）***		（−3.19）***			

[①] 先将原始变量转换成满足经典模型假设的转换变量，然后对它们使用普通最小二乘法（ordinary least square，OLS）。得到的估计量叫做 GLS 估计量，是最佳线性无偏估计量。

续表

项目	Y_1	Y_2	Y_3	Y_4	Y_5	Y_6	Y_7	Y_8
X_6					−0.37	14.67	0.04	−0.29
z/t					(−4.52)***	(1.58)	(2.26)**	(−2.34)**
X_7		−2.36	−0.73	−0.32			−0.41	
z/t		(−3.06)**	(−5.18)***	(−2.24)**			(−4.57)***	
X_8		1.73			1.58	85.44		
z/t		(3.23)***			(3.96)***	(1.69)		
X_9	0.51	−2.09	0.29	−0.77	−1.05	−198.48		
z/t	(6.03)***	(−3.26)***	(3.83)***	(−4.89)***	(−2.04)*	(−2.79)**		
X_{10}	0.06					−80.18		
z/t	(2.09)*					(−2.67)**		
X_{11}	−0.21	0.66		0.21	0.64	66.25	0.08	
z/t	(−5.33)***	(1.97)*		(2.53)**	(2.27)**	(2.51)**	(3.36)***	
C	5.77	17.27	5.37	2.62	20.15	439.64	3.34	3.74
z/t	(17.60)	(3.59)	(7.06)	(3.58)	(5.55)	(1.40)	(8.00)	(3.85)
R^2	82.86%	82.11%	92.90%	86.31%	84.06%	72.49%	77.21%	75.57%
chi2								
Prob								
F	9.67	6.56	42.55	12.61	9.67	2.96	6.21	5.50
Prob	0.0014	0.0043	0	0.0005	0.0007	0.0630	0.0047	0.0323

　　注：对固定效应模型和随机效应模型而言，STATA10.0 统计分析软件可分别计算出各模型所对应的组内、组间和总体拟合优度，而本书所给出的拟合优度值，均为模型的总体拟合优度；全国范围内的数据充足，模型中使用的变量为 $Y_1 \sim Y_{10}$，而三大林区因各省区 Y_9、Y_{10} 数据缺失，模型中未统计这两个指标

　　*表示显著性水平为10%，**表示显著性水平为5%，***表示显著性水平为1%

　　与东北林区拟合模型结果类似，西南林区每个模型所得出的拟合系数绝大多数也在5%的显著性水平上满足条件，每个模型所得出的拟合系数绝大多数可以较好地通过检验，极少数系数检验值未满足相关要求，同样地，如去除这些拟合结果不显著的变量，会对整个模型的拟合优度及其他系数的检验值造成影响，因此综合考虑，这些自变量的系数予以保留。

　　从拟合优度指标来看，除 Y_6、Y_7 和 Y_8 对应的模型外，其余模型调整后的拟合优度均在80%以上，表明本书所选自变量 X 可以较好地对因变量 Y 做出解释，Y 与 X 的相关性较为紧密。总体来看，本书所采用的模型具有较强的解释性。

　　同样地，本小节面板数据模型也直接采用了 SUR 和 GLS 进行回归分析，因此同样省去了对异方差和序列相关的检验。多重共线性问题在模型运行过程中默认已作出处理，无需进行检验。

（四）南方林区森林质量影响因素模型的建立

利用南方林区十个省区的数据，分别建立以 $Y_1, Y_2, \cdots, Y_8$ 为因变量，以 X_1, $X_2, \cdots, X_{11}$ 为自变量的面板数据模型，具体形式见模型（6-4）：

$$Y_{ij} = f(X_{1j}, X_{2j}, \cdots, X_{11j}) \tag{6-4}$$

其中，因变量 Y_{ij} 为各森林质量代表指标，i 表示第 i 个森林质量指标，从 1 到 8，j 表示 j 省区，j 为湖南、湖北、江西、安徽、浙江、福建、广东、广西、海南和贵州，Y_{ij} 表示 j 省区的第 i 个森林质量指标；自变量 X_{ij} 为各社会经济影响因素代表性指标，表示 j 省区的第 i 个社会经济因素。每一模型经多次回归，剔除 Z 统计量不显著的自变量，将所得回归结果汇总于表 6-13。

表 6-13　南方林区面板数据模型结果汇总

项目	Y_1	Y_2	Y_3	Y_4	Y_5	Y_6	Y_7	Y_8
X_1								
z/t								
X_2		−0.89						
z/t		(−5.04)***						
X_3				0.53	1.14	22.94		
z/t				(1.76)*	(2.10)**	(0.72)**		
X_4	−0.09	0.15	−0.11			10.23	0.01	
z/t	(−2.96)***	(2.04)**	(−4.95)***			(2.09)	(1.37)	
X_5		−0.47					0.08	0.60
z/t		(−1.76)*					(2.13)**	(2.26)**
X_6	0.22	−0.32	0.09			−170.59		2.40
z/t	(0.80)	(−2.83)***	(2.42)**			(−4.71)***		(2.25)**
X_7					0.84			
z/t					(1.58)			
X_8	0.26	0.64		0.25	0.61			
z/t	(2.32)**	(2.15)**		(1.58)	(2.00)*			
X_9		1.47	0.11	−0.83			−0.33	
z/t		(5.21)***	(2.09)**	(−1.78)*			(−3.50)***	
X_{10}		0.36						−0.23
z/t		(2.70)***						(−1.68)*
X_{11}				0.44	0.29		0.17	−0.64

续表

项目	Y_1	Y_2	Y_3	Y_4	Y_5	Y_6	Y_7	Y_8
z/t				$(1.88)^*$	$(2.86)^{***}$		$(3.44)^{***}$	$(-2.84)^{***}$
C	2.92	11.41	1.84	−0.57	−5.30	1251.64	3.30	−17.73
z/t	(1.30)	(4.56)	(4.79)	(−0.48)	(−2.32)	(4.30)	(12.93)	(−2.17)
R^2	73.02%	75.20%	79.60%	72.10%	79.39%	84.07%	71.29%	78.58%
chi2				13.32			16.78	
Prob				0.0098			0.0021	
F	4.69	13.92	12.24		8.94	8.09		4.60
Prob	0.0061	0	0		0	0.0002		0.0033

注：对固定效应模型和随机效应模型而言，STATA10.0 统计分析软件可分别计算出各模型所对应的组内、组间和总体拟合优度，而本书所给出的拟合优度值，均为模型的总体拟合优度；全国范围内的数据充足，模型中使用的变量为 $Y_1 \sim Y_{10}$，而三大林区因各省区 Y_9、Y_{10} 数据缺失，模型中未统计这两个指标

*表示显著性水平为 10%，**表示显著性水平为 5%，***表示显著性水平为 1%

　　从表 6-13 拟合结果可知，每个模型的拟合系数大部分通过了检验，且显著性水平较高（5%和1%占多数），尽管极个别系数未通过检验，但不会对模型整体结果造成显著影响，且这些系数对应的自变量也能够从一定程度上对因变量进行解释。因变量 Y 与自变量 X 直接的相关关系较为显著。所给模型具有较好的解释性。

　　根据拟合优度可以看出，除 Y_6 所对应模型拟合优度达到 84.07%外，其余模型的拟合优度都在 70%～80%，也就是说因变量 Y 有 70%～80%的影响因素可以由本书所选取的自变量 X 予以解释。拟合优度不高，一方面，指标的选取本身可能存在一定问题；另一方面，原始数据资料的精度可能也会影响拟合结果，但从各拟合整体情况来看，模型具有一定的解释力。总体来看，本书所采用的模型具有一定的解释性。

　　本书所采用的数据为原始数据的对数形式，从一定程度上可以缓解异方差问题，而序列相关和多重共线性问题，在 STATA10.0 统计分析软件建模过程中已自动排除。因此异方差、序列相关及多重共线性检验在此不再赘述。

第四节　初步统计分析

　　本章第三节从全国范围及三大林区出发，考虑了社会经济发展的经济发展水平、经济增长方式、投资、城镇化、人口驱动力、林业政策及科技发展 7 个相关方面，选取了 11 个相关的具体指标，对相关森林质量代表性指标进行建模分析。本节将对第三节中所得到的模型给予进一步分析，以基本明确我国社会经济发展对森林质量的影响方向及影响程度。

一、全国森林质量影响因素模型初步分析

从全国范围来看，森林在我国社会经济发展过程中仍起着十分重要的作用，森林质量的改善在很大程度上仍受到社会经济发展水平的影响。下面将分别从因变量 Y 森林质量角度和自变量 X 各社会经济影响因素角度对全国森林质量影响因素模型进行分析。

（一）各森林质量指标的社会经济因素分析

从林分单位面积蓄积量指标来看，人均 GDP、农村居民家庭人均纯收入、林业投资、城镇人口比重、总人口数、天然林保护工程政策、万人授权专利数及研发机构平均人数等社会经济因素对森林质量的影响较为显著。这些因素中，城镇人口比重（1.08）影响程度最大，城镇人口比重每提高 1 个百分点，可以带来林分单位面积蓄积量提高 1.08 米³/公顷；其次为总人口数（0.71）和研发机构平均人数（0.71）的影响程度，总人口数每提高 1 万人，或研发机构平均人数每增加 1 人，都可以使林分单位面积蓄积量提高 0.71 米³/公顷；人均 GDP（−0.50）、万人授权专利数（0.16）、林业投资（0.15）、农村居民家庭人均纯收入（0.05）和天然林保护工程政策（0.01）的影响依次减弱。其中，人均 GDP 与林分单位面积蓄积量成反比，总人口数与林分单位面积蓄积量正相关，与研究预期符号相反，其余指标与我们的预期相符。

人工林单位面积蓄积量与城镇人口比重（4.16）、第三产业比重（−3.85）、总人口数（2.75）、研发机构平均人数（1.26）、人均 GDP（−0.59）和农村居民家庭人均纯收入（0.53）等指标相关性显著，且影响依次减弱。其中，农村居民家庭人均纯收入每提高 1 元，可以带来人工林单位面积蓄积量增长 0.53 米³/公顷；而城镇人口比重每提高 1 个百分点，人工林单位面积蓄积量可提高 4.16 米³/公顷，积极作用显著；研发机构平均人数每增加 1 人，人工林单位面积蓄积量可增加 1.26 米³/公顷。而人均 GDP、第三产业比重、总人口数等指标的系数符号与我们预期相反，人均 GDP 每增加 1 元，会造成人工林单位面积蓄积量减少 0.59 米³/公顷；第三产业比重每增加 1 个百分点，人工林单位面积蓄积量会减少 3.85 米³/公顷；而总人口数每增加 1 万人，会带来人工林单位面积蓄积量增加 2.75 米³/公顷。其余指标与我们的预期相符。

林木平均年生长率与城镇人口比重（1.67）、研发机构平均人数（0.68）、人均 GDP（−0.43）、总人口数（0.34）、林业投资（0.13）、万人授权专利数（0.09）、文盲人口比重（−0.08）、农村居民家庭人均纯收入（0.04）及天然林保护工程政策

（0.01）相关性显著，且这些影响因素作用依次递减。其中，人均 GDP、总人口数对林木平均年生长率的影响与我们的预期相反。人均 GDP 每增加 1 元，会导致林木平均年生长率下降 0.43 个百分点，而总人口数每增加 1 万人，会带来林木平均年生长率提高 0.34 个百分点。其余指标与我们的预期相符。

林分近成熟林面积比重与总人口数（−3.18）、第三产业比重（1.03）、研发机构平均人数（−0.53）、城镇人口比重（0.32）、人均 GDP（0.27）、林业投资（−0.07）及农村居民家庭人均纯收入（−0.06）相关性显著，且影响程度依次减弱。其中，研发机构平均人数、林业投资及农村居民家庭人均纯收入与林分近成熟林面积比重相关性符号和我们的预期相反，这些指标每增加 1 个单位，会造成林分近成熟林面积比重分别下降 0.53 个、0.07 个和 0.06 个百分点，其余指标系数符号与我们预期相符。

人工林近成熟林面积比重与总人口数（15.13）、研发机构平均人数（4.67）、城镇人口比重（3.65）、人均 GDP（−2.47）、第三产业比重（−2.09）、万人授权专利数（1.07）、林业投资（0.67）及农村居民家庭人均纯收入（0.50）关系密切，相关系数依次递减。其中总人口数、人均 GDP、第三产业比重相关系数符号与预期符号相反，总人口数每增加 1 万人，会带来人工林近成熟林面积比重增加 15.13 个百分点，影响效果显著，而人均 GDP 和第三产业比重每增加 1 个单位，会造成人工林近成熟林面积比重分别下降 2.47 个和 2.09 个百分点。其余指标系数符号与预期相符。

用材林、防护林面积比与城镇人口比重（−24.26）、第三产业比重（−12.43）、总人口数（7.09）、研发机构平均人数（−7.06）、人均 GDP（5.72）、文盲人口比重（4.39）、万人授权专利数（−3.16）及林业投资（−1.83）相关性显著，且作用依次减弱。其中，人均 GDP 每增加 1 元，用材林、防护林面积比会提高 5.72 个百分点，这与我们的预期相反。其余指标系数符号与预期相符。

天然林面积比重与总人口数（1.22）、研发机构平均人数（0.46）、人均 GDP（−0.33）、城镇人口比重（0.17）、万人授权专利数（0.13）、林业投资（0.09）和农村居民家庭人均纯收入（0.06）相关性紧密，且影响程度依次减弱。其中，总人口数每增加 1 万人，天然林比重会提高 1.22 个百分点，而人均 GDP 每提高 1 元，天然林比重会下降 0.33 个百分点，这两个指标与我们的预期相反。其余指标系数符号与预期相符。

病虫害发生面积比重与总人口数（9.59）、研发机构平均人数（4.55）、城镇人口比重（3.80）、人均 GDP（−2.94）、第三产业比重（−1.52）、万人授权专利数（1.08）、林业投资（0.88）、农村居民家庭人均纯收入（0.38）及天然林保护工程政策（0.05）相关性显著，且影响系数依次下降。其中，研发机构平均人数、城镇人口比重、万人授权专利数、林业投资、农村居民家庭人均纯收入、天然林保护工程政策对病虫害发生面积比重影响系数符号与预期相反。其余指标系数符号与预期相符。

平均郁闭度与总人口数（−0.73）、城镇人口比重（0.51）、研发机构平均人数（0.18）、人均 GDP（−0.16）、林业投资（0.05）及农村居民家庭人均纯收入（0.02）相关性紧密，影响依次减弱。其中人均 GDP 每增加 1 元，会导致平均郁闭度下降 0.16 个单位，这与我们的预期符号相反。其余指标系数符号与预期相符。

森林总生物量与总人口数（3.30）、研发机构平均人数（0.50）、人均 GDP（−0.38）、第三产业比重（0.26）、万人授权专利数（0.21）、林业投资（0.11）和农村居民家庭人均纯收入（0.05）的相关性显著，且作用依次减弱。其中，总人口数每增加 1 万人，森林总生物量会增加 3.30 亿吨，而人均 GDP 每增加 1 元，森林总生物量会减少 0.38 亿吨，这与我们的预期相反。其余指标系数符号与预期相符。

（二）各社会经济因素对森林质量的影响分析

在进行社会经济发展指标分析前，我们先设定了一个相关性描述标准，由于全国和三大林区所选取的因变量 Y 的个数有所不同，在设定标准时进行了分类考虑。对全国范围来说，假设当某一自变量 X 与 8～10 个因变量 Y 相关时，我们称这一自变量与森林质量关系密切；当某一自变量 X 与 4～7 个因变量 Y 相关时，称这一自变量与森林质量关系较为密切；当某一自变量 X 与 1～3 个因变量 Y 相关时，称这一自变量与森林质量关系较弱；当某一自变量 X 与 0 个因变量 Y 相关时，即该自变量与森林质量无关。对三大林区来说，情况类似，具体见表 6-14。

表 6-14　自变量 X 与因变量 Y 的关系描述表

n（全国标准）	n（三大林区标准）	关系描述
= 8，9，10	= 7，8	关系密切
= 4，5，6，7	= 3，4，5，6	关系较为密切
= 1，2，3	= 1，2	关系较弱
= 0	= 0	无关

注：n 表示某一自变量 X 与 n 个因变量 Y 相关

根据以上关系分类，从我国森林质量影响因素分析总体情况来看，人均 GDP、农村居民家庭人均纯收入、林业投资、城镇人口比重、总人口数及研发机构平均人数与森林质量关系密切，第三产业比重、万人授权专利数与森林质量关系较为密切，文盲人口比重和天然林保护工程政策与森林质量关系较弱，而限伐政策则与我国整体森林质量的改善关系无关。下面将从经济发展和社会进步两个方面，分两个小节，分别对各影响因素自变量 X 进行分析。

1. 经济发展对森林质量的影响

体现整体经济发展水平的代表性指标人均 GDP（2/10/10）[①]和体现农村经济发展水平的农村居民家庭人均纯收入（7/9/10）与森林质量之间，均表现出强相关关系。且绝大多数森林质量指标随着人均 GDP 的提高而不断下降，与预期相反，表明我国总体经济发展仍处于资源破坏和消耗阶段。而农村居民家庭人均纯收入能够很显著地对森林质量起到积极改善的作用，这与我国现实国情也是相符的。

第三产业比重（4/6/10）与森林质量之间关系较为密切，第三产业比重的提高，一定程度上带来了我国森林质量的改善，这与我们的理论预期基本相符。

林业投资（7/9/10）对我国森林质量的积极影响在模型结果中表现十分显著。增加林业投资力度，能够较大范围地改善和提高我国森林整体质量，这与我们的理论预期十分吻合。

2. 社会进步对森林质量的影响

城镇人口比重（8/9/10）对森林质量的正作用很显著，且与森林质量之间关系密切，这与我们的理论预期十分吻合，表明我国城镇化发展可以带来森林质量有效且显著的改善。

研发机构平均人数（8/10/10）和万人授权专利数（6/7/10）代表科学技术发展水平，它们与森林质量分别呈现出关系密切和关系较为密切的相关性，且随着研发机构平均人数和万人授权专利数的增多，森林质量呈现出逐渐提高的趋势，表明科技发展在改善森林质量方面所起到的积极作用显著，这一结论与我们的理论预期完全一致。

人口因素分为两部分，数量上的总人口数（4/10/10）与全国森林质量关系密切，然而总人口数增长所发挥的作用大多数都与我们的理论预期相反，随着总人口数的增加，森林质量表现出改善态势，而表现人口质量的文盲人口比重（2/2/10）指标与森林质量关系较弱。一方面，指标选取过程本身可能存在一定问题，另一方面，排除指标选取可能存在的问题，这一结果也从一定程度上表明，我国人口数量和质量都已不再成为阻碍森林质量改善的因素，相反，在一定程度上还可以促进森林质量提高。

天然林保护工程政策（2/3/10）和森林质量关系较弱，可能与天然林保护工程政策实施时间相对较短而森林质量改善是一个长期的过程有关。在受影响的仅有

---

① 括号中第一个数字表示与预期符号相符的因变量个数；第二个数字表示与该自变量相关的因变量个数；第三个数字表示因变量总数。

的 3 个森林质量指标中，天然林保护工程政策表现出的改善作用相对较好，但对森林质量的改善作用仍有待加强。限伐政策（0/0/10）与全国森林质量的改善无关，这一结果可能与模型设定的形式及数据资料本身存在的问题有关。

二、东北林区森林质量影响因素模型初步分析

（一）各森林质量指标的社会经济因素分析

林分单位面积蓄积量与总人口数（2.09）有较为显著的相关关系，总人口数每增加 1 万人，林分单位面积蓄积量会随之增加 2.09 米³/公顷，这与我们的预期符号相反。这一结果表明，在东北林区，总人口数并不构成对森林质量的压力，相反，在一定程度上还可以促进森林质量的改善。

人工林单位面积蓄积量与万人授权专利数（0.75）、农村居民家庭人均纯收入（–0.71）、研发机构平均人数（0.55）及林业投资（0.39）之间存在较为显著的相关关系，且相关性依次减弱。其中，农村居民家庭人均纯收入对人工林单位面积蓄积量的影响方向与理论预期相反，农村居民家庭人均纯收入每提高 1 元，会造成人工林单位面积蓄积量下降 0.71 米³/公顷。

林木平均年生长率与限伐政策（0.49）、林业投资（0.15）相关性较为显著。且这两个指标对林木平均年生长率的影响方向与我们的理论预期相一致，在一定程度上促进了林木平均年生长率的有效提高。

林分近成熟林面积比重与总人口数（4.61）、限伐政策（–4.29）、研发机构平均人数（1.23）、第三产业比重（1.11）及林业投资（–0.09）相关性较为显著，且影响程度依次减弱。其中总人口数、限伐政策、林业投资对林分近成熟林面积比重影响方向与理论预期相反，总人口数每增加 1 万人，会带来林分近成熟林面积比重增加 4.61 个百分点，而林业投资每增长 1 万元，会带来林分近成熟林面积比重下降 0.09 个百分点。

人工林近成熟林面积比重与限伐政策（2.25）、总人口数（–1.61）、万人授权专利数（0.86）及林业投资（0.29）相关性显著，且影响程度依次减弱。总人口数每增加 1 万人，会使人工林近成熟林面积比重下降 1.61 个百分点，万人授权专利数每增加 1 项，林业投资每增加 1 万元，会使人工林近成熟林面积比重分别增加 0.86 个百分点和 0.29 个百分点，限伐政策的实施导致人工林近成熟林面积比重上升，与我们的理论预期完全相符。

用材林、防护林面积比与总人口数（124.15）、文盲人口比重（–32.31）、研发机构平均人数（–13.60）、天然林保护工程政策（–12.37）、万人授权专利数（–11.67）及林业投资（–5.17）相关性较为显著，且影响系数依次减小，影响程度依次减弱。

其中，文盲人口比重每增加 1 个百分点，会造成用材林、防护林面积比下降 32.31 个百分点，这一结果与预期相反。

天然林面积比重与限伐政策（0.97）、城镇人口比重（-0.56）、农村居民家庭人均纯收入（-0.35）、第三产业比重（-0.32）、研发机构平均人数（-0.29）、人均 GDP（0.16）及万人授权专利数（-0.09）相关性较为显著，且影响程度依次减弱。其中，城镇人口比重、农村居民家庭人均纯收入、第三产业比重、研发机构平均人数和万人授权专利数对天然林面积比重影响方向与我们的理论预期相反。

病虫害发生面积比重与文盲人口比重（-1.91）、总人口数（0.71）和研发机构平均人数（-0.27）相关性较为显著，影响程度依次递减。文盲人口比重每增加 1 个百分点，会带来病虫害发生面积比重降低 1.91 个百分点，这一结果与预期相反，可能由于我们所选的指标数值本身存在问题。

（二）各社会经济因素对森林质量的影响分析

从东北林区森林质量影响因素分析总体情况来看，林业投资、总人口数、限伐政策、万人授权专利数及研发机构平均人数等社会经济因素的影响相对较大，这些因素与东北林区森林质量关系较为密切。而人均 GDP、农村居民家庭人均纯收入、第三产业比重、城镇人口比重、文盲人口比重、天然林保护工程政策等因素与东北林区森林质量关系较弱。下面将从经济发展和社会进步两个方面分别对该林区各影响因素自变量 X 进行分析。

1. 经济发展对森林质量的影响

在东北林区，人均 GDP（1/1/8）对东北林区森林质量的影响较小，对天然林面积比重有正影响。人均 GDP 每增加 1 元，天然林面积比重则会随着增加 0.16 个百分比。这与我们的理论预期一致。

林业投资（4/5/8）对森林质量的影响较为显著，且随着林业投资的不断增多，森林质量呈现出较好的改善趋势，这与我们的理论预期相符。农村居民家庭人均纯收入（0/2/8）和第三产业比重（1/2/8）对森林质量的影响不大，但是所产生的作用却与我们的预期相反。农村居民家庭人均纯收入的增加会导致东北林区森林质量的下降，而第三产业比重的影响也不平稳。

2. 社会进步对森林质量的影响

总人口数（3/5/8）对森林质量的影响较大，与森林质量关系较为密切，有一半以上的指标与预期相符，总人口数增加会带来森林质量下降。

研发机构平均人数（4/5/8）与东北林区森林质量关系较为密切。然而研发机构平均人数对该林区森林质量表现出的影响以正效应为主，研发机构平均人数的增加会带来该林区森林质量的提高。万人授权专利数（3/4/8）与森林质量关系较为密切，正效应较为明显，这与我们的理论预期基本一致。表明科技发展对该区域的林业发展起到了一定的改善作用。

限伐政策（3/4/8）对东北林区森林质量的影响也相对较大，且随着限伐政策的有效实施，对东北林区森林质量的改善作用很明显，这与我们的理论预期相符合。然而天然林保护工程政策（1/1/8）的影响却十分有限，仅对用材林、防护林面积比有影响，且随着天然林保护工程政策的实施，森林质量上升，与预期符号相符。

文盲人口比重（0/2/8）对东北林区森林质量的影响不大，且影响方向与我们的预期不符，文盲人口比重越高，森林质量越高，充分说明了科技发展对林区的贡献还有待进一步提升。

城镇人口比重（0/1/8）对该林区森林质量的影响有限，仅对天然林面积比重有影响，且随着城镇人口比重的增多，天然林面积比重有所减少，这与我们的预期符号相反。

三、西南林区森林质量影响因素模型初步分析

（一）各森林质量指标的社会经济因素分析

林分单位面积蓄积量与限伐政策（0.51）、第三产业比重（–0.44）、研发机构平均人数（–0.21）、人均GDP（0.10）及万人授权专利数（0.06）之间相关性显著，且这些因素的影响程度依次递减。第三产业比重每增加1个百分点，会带来林分单位面积蓄积量下降0.44米³/公顷，而研发机构平均人数每增加1人，会导致林分单位面积蓄积量下降0.21米³/公顷，这些结果与我们的理论预期相反。

人工林单位面积蓄积量与文盲人口比重（–2.36）、限伐政策（–2.09）、城镇人口比重（–1.86）、天然林保护工程政策（1.73）、农村居民家庭人均纯收入（–1.56）、第三产业比重（–1.52）及研发机构平均人数（0.66）之间相关性显著，且影响程度依次递减。其中，限伐政策、城镇人口比重、农村居民家庭人均纯收入、第三产业比重与人工林单位面积蓄积量相关关系和我们理论预期相反。

林木平均年生长率与城镇人口比重（–1.10）、文盲人口比重（–0.73）、第三产业比重（–0.69）及限伐政策（0.29）之间相关性较为显著，且影响程度依次递减。其中，城镇人口比重、第三产业比重对林木平均年生长率的影响方向与我们的理论预期相反。

林分近成熟林面积比重与限伐政策（–0.77）、第三产业比重（–0.54）、文盲人

口比重（−0.32）、研发机构平均人数（0.21）及人均 GDP（0.20）之间相关性较为显著，且影响程度依次递减。其中，限伐政策、第三产业比重对林分近成熟林面积比重的作用与我们的理论预期相反。

人工林近成熟林面积比重与农村居民家庭人均纯收入（−1.60）、城镇人口比重（−1.60）、天然林保护工程政策（1.58）、限伐政策（−1.05）、研发机构平均人数（0.64）及总人口数（−0.37）直接相关性较为显著，且影响程度依次递减。其中，农村居民家庭人均纯收入、城镇人口比重、限伐政策与人工林近成熟林面积比重之间的相关性和我们的预期符号相反。

用材林、防护林面积比与限伐政策（−198.48）、农村居民家庭人均纯收入（−121.07）、第三产业比重（108.73）、天然林保护工程政策（85.44）、万人授权专利数（−80.18）、研发机构平均人数（66.25）、林业投资（−24.71）及总人口数（14.67）之间相关性较为显著，且影响程度依次递减。其中，第三产业比重、天然林保护工程政策、研发机构平均人数与用材林、防护林面积比之间的相关关系和我们的预期符号相反。

天然林面积比重与文盲人口比重（−0.41）、第三产业比重（−0.35）、人均 GDP（0.12）、农村居民家庭人均纯收入（−0.09）、研发机构平均人数（0.08）及总人口数（0.04）直接相关性较为显著，且各因素对其影响程度依次递减。其中，第三产业比重、农村居民家庭人均纯收入和总人口数对天然林面积比重的影响方向与我们的理论预期相反。

病虫害发生面积比重与总人口数（−0.29）之间相关性显著，总人口数每增加 1 万人，会带来病虫害发生面积比重下降 0.29 个百分点，这一结果与我们的理论预期相反。

（二）各社会经济因素对森林质量的影响分析

从西南林区森林质量影响因素分析总体情况来看，人均 GDP、农村居民家庭人均纯收入、第三产业比重、城镇人口比重、总人口数、文盲人口比重、天然林保护工程政策、限伐政策、研发机构平均人数因素的影响较大，与西南林区森林质量的相关关系较为密切；而林业投资和万人授权专利数的影响相对小一些，与该林区森林质量的相关关系较弱。下面将从经济发展和社会进步两个方面分别对该林区各影响因素自变量 X 进行分析。

1. 经济发展对森林质量的影响

人均 GDP（3/3/8）对西南林区森林质量的影响较大，且随着人均 GDP 的不断增加，西南林区森林质量得以改善，这与我们的理论预期相符。

农村居民家庭人均纯收入（1/4/8）与西南林区森林质量关系较为密切，但是结果显示，随着农村居民家庭人均纯收入的提高，该林区森林质量表现出逐渐下降趋势，这与我们的理论预期相反。说明西南林区农村居民生活水平目前仍不高，对资源的依赖造成森林质量难以改善的结果。

第三产业比重（0/6/8）与西南林区森林质量关系较为密切，且随着第三产业比重的不断提高，森林质量会逐渐下降。这一结果与我们的理论预期相反。

林业投资（1/1/8）与西南林区森林质量的关系较弱。林业投资仅对用材林、防护林面积比指标有负效应，随着林业投资的增加，用材林、防护林面积比降低，这与我们的理论预期一致。

2. 社会进步对森林质量的影响

城镇人口比重（0/3/8）对西南林区森林质量有较强的影响，结果显示，随着城镇人口比重的提高，西南林区森林质量出现下降趋势，表明该区域城镇化进程对资源的需求压力还有待改善。

总人口数（2/4/8）和文盲人口比重（4/4/8）代表人口驱动力的两个方面，结果显示，在西南林区，人口驱动力对森林质量改善的作用已逐渐由阻碍向促进转变，总人口数指标对一半的森林质量指标数值的提高表现出正作用，而文盲人口比重指标的影响全部为负，表明随着文盲人口比重的下降，森林质量有了较大提高。这些结果与我们的理论预期相符。

天然林保护工程政策（2/3/8）和限伐政策（3/6/8）这两大政策的实施，对西南林区森林质量起到了一定的改善作用，尽管限伐政策对有些森林质量指标仍表现出负作用，但从政策实施整体效果来看，正确的政策措施引导能够带来森林质量的改善，与我们的理论预期相符合。

万人授权专利数（2/2/8）和研发机构平均人数（4/6/8）是科技发展水平的代表性指标，这两个指标在西南林区，都表现出对森林质量有显著的正作用，万人授权专利数和研发机构平均人数的增加，可以带来森林质量较大范围上的改善，与我们的理论预期相符。

四、南方林区森林质量影响因素模型初步分析

（一）各森林质量指标的社会经济因素分析

林分单位面积蓄积量与天然林保护工程政策（0.26）、总人口数（0.22）及林业投资（-0.09）之间相关性较为显著，且这些指标的影响程度依次递减。总人口

数每增加 1 万人，会带来林分单位面积蓄积量增加 0.22 米³/公顷，而林业投资每增加 1 万元，会导致林分单位面积蓄积量下降 0.09 米³/公顷。这一结果与我们的理论预期相反。

人工林单位面积蓄积量与限伐政策（1.47）、农村居民家庭人均纯收入（−0.89）、天然林保护工程政策（0.64）、城镇人口比重（−0.47）、万人授权专利数（0.36）、总人口数（−0.32）及林业投资（0.15）之间相关性较为显著，且这些因素对人工林单位面积蓄积量的影响程度依次递减。其中，农村居民家庭人均纯收入每增加 1 元，城镇人口比重每增加 1 个百分点，会带来人工林单位面积蓄积量分别下降 0.89 米³/公顷和 0.47 米³/公顷，这一结果与我们的理论预期相反。

林木平均年生长率与林业投资（−0.11）、限伐政策（0.11）和总人口数（0.09）之间相关性较为显著，且影响程度依次递减。林业投资每增加 1 万元，林木平均年生长率会随之降低 0.11 个百分点，而总人口数每增加 1 万人，会带来林木平均年生长率增加 0.09 个百分点，这与我们的预期符号相反。

林分近成熟林面积比重与限伐政策（−0.83）、第三产业比重（0.53）、研发机构平均人数（0.44）及天然林保护工程政策（0.25）之间相关关系较为显著，且这些因素对林分近成熟林面积比重的影响程度依次递减。其中，限伐政策的实施导致林分近成熟林面积比重有所下降，这与我们的理论预期相反。

人工林近成熟林面积比重与第三产业比重（1.14）、文盲人口比重（0.84）、天然林保护工程政策（0.61）及研发机构平均人数（0.29）之间相关性较为显著，且这些因素对人工林近成熟林面积比重的影响程度依次递减。其中，文盲人口比重每增加 1 个百分点，会带来人工林近成熟林面积比重增加 0.84 个百分点，这一结果与我们的理论预期相反。

用材林、防护林面积比与总人口数（−170.59）、第三产业比重（22.94）及林业投资（10.23）之间相关性较为显著，且影响程度依次递减。总人口数每增加 1 万人，会带来用材林、防护林面积比下降 170.59 个百分点，而第三产业比重每上升 1 个百分点，林业投资每增加 1 万元，会导致用材林、防护林面积比分别上升 22.94 个和 10.23 个百分点，这些因素的影响方向与我们的理论预期相反。

天然林面积比重与限伐政策（−0.33）、研发机构平均人数（0.17）、城镇人口比重（0.08）及林业投资（0.01）之间相关性较为显著，且影响程度依次递减。其中，限伐政策的实施对天然林面积比重的影响方向与我们的预期相反。

病虫害发生面积比重与总人口数（2.40）、研发机构平均人数（−0.64）、城镇人口比重（0.60）及万人授权专利数（−0.23）之间的相关性较为显著，且影响程度依次递减。其中，城镇人口比重每增加 1 个百分点，会带来病虫害发生面积比重上升 0.60 个百分点，这一结果与我们的理论预期相反。

（二）各社会经济因素对森林质量的影响分析

南方林区森林质量与第三产业比重、林业投资、城镇人口比重、总人口数、天然林保护工程政策、限伐政策、研发机构平均人数等社会经济因素之间相关性较为密切，与农村居民家庭人均纯收入、文盲人口比重、万人授权专利数关系较弱，而与人均 GDP 指标无直接相关关系。下面将从经济发展和社会进步两个方面分别对该林区各影响因素自变量 X 进行分析。

1. 经济发展对森林质量的影响

结果显示，人均 GDP（0/0/8）对南方林区森林质量没有直接影响。

农村居民家庭人均纯收入（0/1/8）与南方林区森林质量直接存在较弱相关关系，农村居民家庭人均纯收入仅与人工林单位面积蓄积量有直接负相关关系，农村居民家庭人均纯收入增加，人工林单位面积蓄积量下降，与我们的理论预期相反。

第三产业比重（2/3/8）与南方林区森林质量相关性较为密切，且随着第三产业比重的上升，该林区森林质量有所改善，这与我们的理论预期相符。

林业投资（2/5/8）与南方林区森林质量关系较为密切，相关的森林质量指标中，一半以上都会随着林业投资的不断增加而略有下降，这与我们的理论预期相反。

2. 社会进步对森林质量的影响

城镇人口比重（1/3/8）与南方林区森林质量直接相关性较为密切，且随着城镇人口比重的提高，该林区森林质量有下降趋势，表明南方林区城镇化进程中对资源的消耗带来了一定程度的森林破坏。

总人口数（2/5/8）对南方林区森林质量的影响较大，而文盲人口比重（0/1/8）的影响则相对较小。但从这两个指标来看，人口驱动力对森林质量的破坏作用在该林区表现并不明显，相反在很小的程度上还可以起到促进提高森林质量的作用。

天然林保护工程政策（4/4/8）对南方林区森林质量的影响也较大，且两者之间存在完全正相关关系，随着天然林保护工程政策的有效实施，该林区森林质量得以改善，与我们的理论预期相符合。限伐政策（2/4/8）对该林区森林质量的影响尽管也较大，但从结果来看，影响方向却不令人满意，一半森林质量指标在限伐政策的影响下有下降趋势，表明不同区域政策的实施需因地制宜，否则将不易见效。

万人授权专利数（2/2/8）对南方林区森林质量有较弱的促进作用，而研发机构平均人数（4/4/8）则显示出较强的促进作用，结果均与我们的理论预期相符，表明科技发展对该林区的森林质量具有较为显著的正作用。

第五节　进一步讨论

一、经济发展水平对森林质量的影响

（一）人均 GDP 对森林质量的影响

研究结果显示，经济发展水平目前只在三大林区对森林质量改善方面产生了积极作用，而从全国总体水平来看，仍不容乐观。这一结果主要是由以下原因造成的。

第一，我国经济总体水平偏低，经济发展仍处于资源消耗型阶段。我国社会经济发展和森林质量变化仍处于森林资源库兹涅茨曲线的前半阶段，即经济发展较大程度上依赖于资源，我国正处于森林质量下降的阶段，随着经济发展水平的进一步提高，森林质量必将进入逐渐恢复改善的下一阶段。

第二，社会经济地域性差距相对较大，如在东北林区和西南林区，社会经济发展已经可以带来森林质量的小幅改善，而全国社会经济发展平均水平却达不到改善森林质量的水平。社会经济发展较为落后区域对资源的大量需求，一定程度上会带来森林质量的下降。

第三，社会经济发展速度不断加快，也给很多区域带来了前所未有的压力。迫于发展压力，地方上"资源换增长"的发展方式普遍存在，很多地方政府用土地、森林和优惠政策等手段招商引资，并以此作为促使本地经济发展和 GDP 增长的首选途径，从而造成区域性资源可持续发展面临很多问题。

第四，总体社会经济发展的不可持续性是造成我国森林质量不高的根源所在。

经济发展中存在的各种问题，成为目前对森林资源可持续经营过程中遇到的最大阻碍之一。如何使资源与经济协调发展，减小经济发展过程中对森林资源造成的大量消耗与浪费，成为森林质量改善的关键所在。

（二）农村居民家庭人均纯收入对森林质量的影响

从全国来看，农村经济发展水平目前已经可以在一定程度上带来全国森林质量的改善，然而三大林区农村经济发展目前仍不能起到改善森林质量的作用。这一结果可从以下几点给予解释。

第一，有研究表明，森林资源一般都地处偏远山区和贫困农村周边。这些地区农民生活水平相对较低，农业生产现代化水平也相对落后，农业生产不能及时满足农民自身生产、生活需求。农村要发展，农民要致富，首要的途径就是从土地上获得财富,而我国目前很多农村地区农业生产仍然完全"靠天吃饭",农业产量不能得到保障,导致农民耕作积极性受挫,受生存需求和经济利益驱动,牺牲林业赢取经济收益成为这些地区农民谋生手段之一,森林资源成为农民额外创收的主要来源。加之,这些贫困地区对森林资源的利用仍停留在初始阶段,如原木采伐交易等,既浪费了大量资源又不能获得更高经济效益,这样的状况势必会造成严重的森林资源破坏,而随着森林资源破坏和生态环境恶化,这些地区农业生产环境也会继续恶化,进而形成恶性循环,很难在短期内扭转困境。

第二,粮食问题始终是制约我国农业发展的首要问题。全国庞大的人口基数,亟待农业产出更多的粮食作为生活基础。然而,我国从 2012 年以来,耕地面积由 2012 年末的 20.27 亿亩[①],逐年递减至 2017 年末的 20.23 亿亩,整体形势不容乐观[114]。尽管我国农业技术近些年有了很大突破进展,粮食产量得到了较大程度提高,但与全国的需求相比仍十分不足,因此农业用地在保证不减少的同时,还需进一步增加,以满足日益增长的人口需求。而林业用地与农业用地的土地基础最为相近,在考虑成本收益的情况下,对林业用地的侵占则成为增加农业用地面积不可避免的途径之一。林地不复存在,质量更无从谈起。

第三,在一些经济发展水平相对较高的农村地区,森林旅游观光等相关产业的发展对森林资源的需求也很大,而有些地方政府为谋取经济发展业绩,往往会选择牺牲环境换取经济发展业绩,忽视森林可持续发展需求,加之林区农民缺乏对森林生态环境效益作用发挥的重要性的认识,缺乏对森林可持续利用和保护的意识,思想意识上的不重视,实际行动上的不作为,进一步加剧了森林资源过度的持续利用而难以恢复的状况,从而导致森林质量下降。随着农村经济发展水平的不断提高,农民盖房、建设工厂等建筑用材需求也是影响森林质量的一大因素,这些都成为我国森林质量不能得到有效提高的重要阻碍因素。

第四,对于那些较大的林区,林区农民在承包林地、选择种植品种上,为追求经济效益和产值最大化,往往只以市场为导向,选择那些市场行情好、赚钱多的品种,却很少考虑到适地适树,致使很多人工林种植品种单一,树木抗病虫害能力不强,造成森林质量低等问题。

以上问题的存在,归根结底都是由我国农村地区农民生活水平不高造成的。一直以来我国农村经济发展速度相对缓慢,经济发展水平不高,农民生活水平较低,不足以使农民产生保护森林、改善森林质量的原动力。而农村经济发展水平的提高,则可以从根源上解决这些问题,进而起到促进森林质量改善的作用。

---

① 1 亩≈666.67 平方米。

二、经济增长方式对森林质量的影响

经济增长方式的改善也可以从一定程度上起到改善森林质量的作用。我国从中华人民共和国成立初期的以资源、能源、人力等要素为主的粗放型经济增长方式，经过几十年的发展，逐渐向以科技、人才、知识等要素为主的集约型经济增长方式转变。这个转变是一个漫长的过程，需要逐步完成。产业结构调整是体现经济增长方式转变的主要方面之一。研究结果表明，产业结构优化从全国范围来看可以带来森林质量的改善，然而从区域来看，东北林区和西南林区产业结构调整并未带来森林质量的提高，相反在一定程度上还导致了森林质量的下降。造成这一结果的原因有以下几个方面。

第一，地方上在追求经济快速发展、调整产业结构过程中，始终未摆脱依靠大量资源投入发展经济的旧路子，产业结构层次不高、各区域产业结构升级缓慢、产业的技术创新能力不强、低附加值产品和劳动密集型产业所占比重较大等粗放型经济增长方式还未从根本上得以转变。

第二，总体来看，2017年我国第一产业比重约占7.9%，第二产业达到了40.5%，第三产业约占51.6%，第一、第二产业比重低于第三产业比重，同时第一、第二产业资源消耗量远远大于第三产业。此外，产业内部调整方面，技术升级缓慢、产品更新换代不及时、产业地区分布不合理等这些问题仍然存在[115]。在2010年全国"两会"期间，贵州省委常委、统战部长，贵州大学党委书记龙超云就我国产业结构调整发表看法，认为我国现阶段经济发展过度依赖第二产业，第三产业虽然发展迅速，但对经济增长的拉动作用还相当有限，农业的基础地位依然薄弱，产业化水平低，有些地方甚至"一产不稳、二产不强、三产不大"，产业结构问题直接影响我国当前经济增长方式，从而对森林资源的影响也十分显著。

第三，林业产业发展过程亦是如此，尽管近些年新增了很多新型技术，林业产业发展取得了一定进展，然而从根源上来看，林产产业仍是依靠大量的木材消耗求得发展，并未真正走向集约化发展道路。①林产产业对木材原料需求增多，而人工林仍不能在整个林产产业发展过程中发挥主体作用，森林整体质量因此受损；②林产产业仍以资源型产品为主，原料型产品占多数，普遍存在生产规模小、科技含量低、采用家庭和集体经营形式等问题，严重制约了林产产业的发展；③林业第三产业比重低，林业第三产业就是林业与其他产业相结合衍生出的新的产业价值链形式，如森林旅游业。作为一种绿色价值链，它可以永续利用，并永续产生经济效益。要得到这种效果，就必须充分还原森林的生态循环，提高森林质量，改善森林生态环境，以期得到预期经济效益。然而，目前我国在这方面做的仍不尽人意，政策上没有给予森林旅游业和林业产业服务业必要而充分的扶持，经营观念和管理体制的落后严重束缚着林业新兴产业的快速发展。

三、投资对森林质量的影响

林业投资是改善森林质量最直接、有效的方式之一。从全国层面来看，直接加大林业投资力度，森林质量得以显著提高。这一结果表明，随着我国对森林资源生态环境效益重要作用认识的不断加深，国家逐年不断增加在林业大项目、政策实施的投资，如六大重点工程建设，国家投巨额资金以改善林业可持续发展状况，此外，各级政府对林业可持续发展的投资力度也在不断加强，提高森林质量的效果直接显现出来。

然而从系数值来看，林业投资的积极效应发挥程度有限。说明在投资力度、投资重点方向、技术投资等林业投资中存在诸多问题，造成林业投入产出不高，森林质量难以通过投资显著改善。

第一，在一定的制度安排和科技水平条件下，林业生产过程中，生产要素尤其是资金投入的数量一定程度上会带来森林质量的改善。增加投资可以从林木选种苗、栽培、初期管护、后期管理等方面增加人力、物力，这可以提高林木成活率，增强树木抵抗病虫害的能力，很显著地起到改善森林质量的作用。然而我国林业投资的主要来源是国家财政，而相对其他高效益产业，国家对林业的投资相对较少，而林业投资的规模效益明显，大量的投资才会带来较高的经济和生态效益，达到提高森林质量的目的，如投资过少，则可能导致地方为实现绩效只关注森林数量的增加而忽略质量的改善。而林业投资从历史来看，1978～1993 年全国基本建设投资增长 8 倍，而同期林业建设投资只增长 4 倍[116]；1950～1998 年，我国林业基本建设营林投资 147.10 亿元，年均 3 亿元，森林工业投资 216.12 亿元，年均 4.5 亿元，两项合计年均 7.5 亿元，只相当于日本一年对林业投资的百分之一[25]。林业资金投入的短缺，加之投资在具体运行中存在忽视投入质量和效率的做法，都直接影响着森林质量的提高。

第二，林业投资方向性直接影响着森林质量的优劣。森林由数量和质量两部分要素构成，一方面，如果增加森林数量，那么林业生产中可得到更多具有竞争性的实际产品——林产品，这些产品可通过市场价格形式为投资者带来直接可观的经济效益；另一方面，如果提高森林质量，那么对生态林业而言，其产品更多的是生态效益的发挥，而现阶段这部分效益还很难通过价格等市场要素直接反映出来，造成市场失灵，市场不能对其所需要的各种生产要素进行配置，因此很难吸引到投资者的注意[117]。鉴于以上现象，在我国地方各级政府的业绩第一重要的指导思想下，"重数量、轻质量"的林业发展思路则成为主流。有限的林业投资偏重于投向见效快的数量方面，而侧重改善森林生态效益的质量投资相对较少，在这种发展方式下，提高森林质量则成为一纸空谈，甚至还会导致森林质量的下降。

第三，林业投资自身存在的缺陷导致其对森林质量提高的积极效益发挥困难。首先，林业投资周期长，从造林、营林到采伐生产需要经历数十年甚至上百年时间，且这一过程需要连续的资金投入，然而地方各级政府任期有限，仅注重短期效益，"重造林、轻营林"的投资模式致使森林数量快速增加，而质量难以提高甚至逐渐下降。其次，林业投资风险大，一方面受自然因素影响大，地震、洪涝灾害、病虫害、火灾等都可以使森林毁于一旦；另一方面生产受市场影响，木材市场价格和供求情况在相当长的一个周期内很难预测，高风险的投资需要高效益作支撑。最后，林业投资效益低，随着可采资源日益减少，林业生产成本越来越高，运输成本也不断上升，加之我国林产品附加值少、科技含量低，与其他产业投资回报率相比，林业投资高风险而低效益，这样就很难吸引外来投资，绝大多数投资来自中央，而中央财力有限，需投资产业多，林业投资总量不足、渠道不畅便成为一种必然，森林质量提高十分困难。

第四，林业科技投入是对森林质量改善间接但有利的一种投入形式。增加林业科技投入，有助于研发各种先进的林业技术，可以在很大程度上改善林业经营作业成效，有效提高林地生产力，改良树种基因，增强林木的抗病虫害能力，达到改善森林质量的目的。但现实中，有限的林业投资中用于林业科技方面的投入不高是不争的事实，这也在很大程度上限制了我国森林质量的提高。

四、城镇化对森林质量的影响

尽管城镇化进程在不断完善，进程步伐在不断加快，从全国范围来看，城镇化发展在一定程度上能够促进森林质量的提高，但从三大林区情况看，城镇化发展过程中存在诸多问题，仍在很大程度上阻碍着森林质量的改善。

第一，从宏观层面看，我国城镇化区域发展不平衡。2006 年，我国东部、中部、西部城镇化水平分别为 54.6%、40.4%和 35.7%，差异明显。分地区看，2006 年城镇化水平最高的上海 88.7%，其次为北京和天津，分别为 84.3%和 75.7%，而城镇化水平较低的是贵州和西藏，分别为 27.5%和 28.2%。而从森林分布情况来看，城镇化水平低的地区森林更多些，而城镇化水平不高则会带来森林质量的下降。

第二，城镇化的速度和质量不能同步提升。城镇化的发展不仅表现为城镇规模的扩大、城镇数量的增多，还表现为城镇功能的完善和职能等级的提升等。目前，一些地方政府把推进城镇化片面理解为加强城镇建设、扩大城镇规模和数量。一些城镇超越经济、社会发展阶段和资源环境承受能力，盲目攀比，以此来彰显功绩，导致农业用地、林业用地锐减，森林资源遭到严重破坏。追求城镇化速度，超越城市经济需要，靠行政手段如乡改镇、镇改区等来积累城镇人口，导致失业增加、城市贫困者增多；而农业人口减少，导致农林业用地疏于管理，从而使农林业发展受到直接影响，最终导致资源荒芜、严重浪费。

第三，过度城镇化引发严重资源环境问题。长期粗放型经济增长方式导致我国相当一部分城市已经面临资源、能源的发展瓶颈，城镇化后续发展受到严重制约。比如，大多数城市都偏重用地规模的外延扩展，土地低效利用现象严重，森林资源遭到大肆破坏，水资源遭到大量浪费。片面追求经济增长速度和扩大城市规模，不考虑当地资源环境承载条件盲目发展，破坏了城市的自然生态，许多城市出现热岛效应、温室效应，污染严重，城市生态系统不堪重负。

五、人口驱动力对森林质量的影响

人口对森林质量的影响主要体现在两个方面：一是人口数量增长对森林质量的影响，二是人口素质提高对森林质量的影响。研究结果表明，人口数量增长已不再是阻碍森林质量提高的因素，相反，适量的人口增长在一定程度上还可以促进我国森林质量的改善。而人口素质的提高也可以在一定程度上改善我国森林质量。这一研究结果表明以下两个方面。

一方面，人口数量增长速度放缓，大规模的资源消耗得以有效控制。这与我国近几十年有效实施计划生育政策有着直接关系，我国人口自中华人民共和国成立初期的高出生、高死亡、低增长发展态势逐渐过渡到20世纪90年代的低出生、低死亡、低增长。这种发展趋势很大程度上使得资源消耗量得以有效控制，森林资源在这一发展过程中得以有效、可持续发展，森林质量在一定程度上得以改善。

另一方面，在中华人民共和国成立初期，人们的文化素质相对较低，加之社会经济发展需求，人们对森林的认识仅停留在经济效益的发挥上，森林仅是满足基本生活和生产需求的物质基础，而随着经济发展，人们物质生活逐渐改善，人口素质也不断提高，人们对人居环境的要求也在逐渐提高，环境保护意识逐渐增强，对森林质量在森林生态环境效益发挥过程中的重要作用的认识也日益加深，这些思想意识表现在日常行为中，可形成一种保护森林的氛围，从而使森林质量得以改善。

六、林业政策对森林质量的影响

切实可行、有效的林业政策对森林质量的改善作用十分显著。森林质量的改善，很大程度上依赖于拥有者对森林的经营管理目标和方式。自1998年天然林保护工程政策及时、有效实施以来，我国生态环境得到了良好的保护和改善，促进了社会经济快速发展，为森林质量改善创造了有利条件。如在四川雅安，天然林保护工程政策实施 21 年来，全市森林总蓄积量从 1998 年的 7137 万立方米上升到了 2018 年的 9596 万立方米，森林质量明显改善。而限伐政策最早是从 1989 年开始执行的，此后每五年修订一次，制定年森林采伐限额的基本依据是用材林的消耗量低于年生长量，实行森林采伐限额管理是加强森林资源保护和管理的一项重要制度。限伐政策实施 30 年来，乱砍滥伐在一定程度上得以控制，森林年生长量逐渐高于森林年采伐量，森林保有量得以提高，质量得以改善。

从研究结果可以看出，无论是从全国范围还是从三大林区情况来看，林业政策的积极效益较为显著，对个别森林质量指标表现出负作用，这可能与模型设定本身有关。

从各系数值来看，这种积极效应的发挥程度仍不是很高。尽管林业政策在森林质量改善过程中已突显出其推进作用，然而在政策实际实施过程中仍存在着一些与现实不相符的问题，在局部地区降低了政策的有效性，影响了林业政策积极效应发挥的程度。第一，林业发展滞后于其他行业，现行林业政策法律法规不仅数量少，规范本身大多是一些原则性的规定，不具体、不明确、可操作性差，很多领域缺乏相应规定。还有一些带有明显计划经济色彩的条文规定，已不适用于当今社会发展对林业提出的新要求。第二，限伐政策尽管对保护森林资源产生了积极作用，但是在采伐限额制度下并未认真考虑森林所有制形式，从而造成不断对私有林和集体林所有者权益的侵犯，政府与企业、林区农民个人的经济目标不统一，呈现出国家要生态、企业要盈利、个人要增收的格局，这很大程度上影响着政策的高效发挥。第三，现阶段我国对林业认识存在片面性、表面性。要么过分强调生态建设，要么过分强调经济效益，从而造成政策实际实施过程中存在各种问题，对政策理解上存在误区，进而造成政策实施效果不理想等问题。

七、科技发展对森林质量的影响

无论是从全国范围，还是从三大林区来看，科技发展所带来的森林质量改善都十分显著。研究结果充分表明我国科技发展水平进步较快，体现在林业方面，科技成效较好。这样的结果是我国林业科学技术在不断发展过程中摸索出来的，是经历了很长一段时间形成的。

中华人民共和国成立以来，我国林业科学发展迅速，基本上改变了林业落后的面貌。在前期，我国林业科技发展主要以扩大森林资源、对森林进行合理经营为主，旨在解决全国造林绿化和森林工业生产过程中的技术问题。随着我国经济和社会的发展，我国逐步开展了森林生态系统、森林经营保护、扩大森林资源、林木速生丰产、林木资源多效利用及软科学在林业科学决策和现代化管理中的应用等项目。中华人民共和国成立以来，我国林业科技发展成就主要表现为林木遗传育种与良种繁育、人工林营造、森林生态、森林保护、森林经理、木材加工、林产化学与林业机械等发明科技水平的提高[118]。随着人们对森林质量的重视程度日益加强，未来林业科技的发展方向必然会朝着优质林培育等方面发展，森林质量也将进一步得以改善。

当然，从研究结果各项指标系数绝对值来看，我国科技发展对森林质量提高的积极效应的发挥仍十分有限，这也从一定程度上反映出我国林业科技发展过程中存在一些问题，在一定程度上影响着森林质量的改善。与发达国家相比，我国林业科技发展水平相对落后，主要问题体现在：①对科技的作用认识不足。长期以来，林业普遍被视为“靠天吃饭”的产业，“挖坑栽树”而已，有无技术、技术水平高低不是林业发展的关键所在。这种思想观念的主导支配作用导致林业科技创新能力差，发展水平滞后。②科技创新体制不健全。我国的林业科技体制一直以科研机构和高等院校为主体，而科研机构和高等院校的科研活动往往与企业生产实际需要脱节，导致林业科技创新主体与供求错位。这种体制也决定了科技经费主要依靠国家投入，企业用于科技投入的经费势必会非常有限。③优秀林业科研成果少，成果转化率低。尽管中华人民共和国成立以来我国林业科学技术已积累了大批成果，但成果转化率只有 27.3%左右，在大面积、大范围内形成规模效益的不足 10%[119, 120]。此外，林业技术储备不足，优秀林业科技人才缺乏，尤其是从事高新技术研究和高层次经营管理的人才奇缺，这些问题的存在势必会影响林业科技进步对森林质量改善的促进作用。

第七章　我国森林质量未来发展之路

我国社会经济发展对森林质量的影响理论和实证分析均表明：在我国当前的社会经济发展水平下，森林质量较大程度的改善仍需要一段较长时期来实现。从森林质量变化趋势来看，随着近些年我国社会经济的迅速发展，森林质量又重新出现微降趋势，因而我国森林质量提高仍将继续面临社会经济发展中不协调因素的巨大压力，这是改善我国森林质量所必须面对的现实。

除自然因素外，社会经济发展和人为干扰是影响我国森林质量变化的最主要且影响程度最深的因素之一。利用资源发展社会经济无可厚非，为了生态环境而不发展社会经济是不可取的，然而同样地，毫无节制地利用各种资源来取得社会经济发展也是不明智的，这就需要我们选择一种新的路径，以生态马克思主义为指引，以"绿水青山就是金山银山"理念为方向，构建一条新的具有新时代中国特色社会主义的生态文明发展道路。

第一，无论是从全国范围来看，还是从地区性来看，发展经济都是首要的，但在发展经济、提高人民生活水平的同时，对资源的可持续经营管理和利用也应给予充分重视，以尽量降低发展对资源带来的破坏。

我国社会经济发展仍处于资源消耗阶段。森林作为一种重要的自然资源，在现阶段的社会经济发展过程中应充分予以考虑，注重森林资源在社会经济发展中的可持续性。首先，采用循环经济发展模式，推崇可持续经济发展模式。在我国社会经济快速发展的今天，自然资源作为重要发展物质基础之一，应得到更充分的认识，"取之不尽、用之不竭"的资源使用模式已不再适用于我国目前的经济发展。通过循环经济实现物质不断循环再生利用，即"资源＋产品＋消费＋再生资源＋再生产品"的物质反复循环流动，以缓解环境资源与经济发展之间的矛盾。其次，经济发展的同时实现森林质量的稳步改善，这需要对森林资源与环境约束下的经济增长问题进行深入探讨，即森林资源与环境消耗速率不能超过森林资源自身的更新速率，经济总产值中也应将对森林资源的消耗计入，以达到对资源破坏进行补偿的目的[40]。最后，还应充分考虑自然资源约束条件，利用高科技寻找可替代产品或原材料，提倡低碳型社会经济发展模式，节约使用森林资源，以期用最少的资源消耗量带来最大的社会经济效益。

另外，全国农村居民平均生活水平的提高可以起到改善森林质量的作用，但地区性差异仍是影响森林质量提高的阻碍因子。应加大对贫困地区，尤其是森林资源丰富的贫困地区的扶贫力度，改善这些地区农民生活条件，以减少他们对资源的依赖，从而使改善森林质量成为可能。

首先，在森林资源丰富的农村地区，大力发展生态农业和林业，以特色拉动地方农民增收，促进森林质量提高。森林资源丰富地区，应充分利用区域资源优势，培育特色主导产业，如森林旅游产业、地方特色农林产品培育产业等，以最少的资源消耗量获取最大的经济效益。同时地方政府应出台相应政策并提供技术支持，使农民摆脱传统的农业生产和森林利用方式，达到农民增收的目的。其次，由于农业发展承受着来自自然、市场和政策等方面的风险因素，要实现农业现代化、农民增收，必须要加大对农业的投入，其中，农田基本建设、劳动生产工具、科技普及和信息通信等要优先发展，逐步建立起国家、地方、集体、个人相结合的多元投资机制，通过融资来扩大农业的投资来源。最后，农民的文化素质、技术素质也是制约农村经济发展和农民增收的重要因素之一。一方面，要加强农村基础教育，保证义务教育在农村的顺利实施，提高农民的文化素质；另一方面，要加强对农村劳动力的科技培训和职业技术教育，按需培养技术型人才，提高农民综合素质，增强其竞争力，从而达到增收的目标。

第二，区域性产业结构不合理问题仍存在，对森林质量的改善作用有限，如在东北林区和西南林区，第三产业比重的提高并未起到促进森林质量改善的作用。应加强区域性产业结构调整，并促进各产业内部的优化调整，以减轻资源压力，减少资源破坏。

加强区域性产业结构调整，应注重从高加工度、高技术和高集约等"三高"方面入手。首先，对于森林资源丰富的欠发达林区，一般而言，其产业结构多以原材料等初级加工产品为主，产业链条短，高附加值和精深加工产品少，造成资源优势难以充分发挥，且资源浪费严重。要改善这样的状况，则必须在提高产品加工深度上下功夫，推动产业结构向精深加工、高附加值转变，努力拉长产业链条，推动由制造初级产品的产业占优势比重现状，逐步向由制造中间产品、最终产品的产业占优势比重演进，最终达到产业整体结构优化和内部结构改善。其次，区域性高新技术产业规模小、各产业内部技术装备水平低等，是目前我国不发达地区产业结构存在的主要问题之一。应积极推进区域性高技术成果物化为可推广应用的新产品、新设备、新材料和新能源等，并形成新的企业群体、新的行业和新的产业部门，促进传统产业升级改造。最后，对地方主导产业、优势产业加大扶持力度，充分发挥地方资源优势，突出特色，打造一批具有竞争优势的地方产业集群，以更小的资源成本带来更高的经济效益。

第三，林业投资与森林质量关系十分密切，且林业投资对森林质量改善的积极效应显著。应继续加大林业投资力度，为森林质量改善提供充裕的资金支持，以直接促进森林质量的有效提高。

增加林业投资力度，应从以下几个方面入手。首先，改善投资环境，建立有利于吸引各种社会投资主体的投资机制和模式。如加快林业产权改革，建立明晰的产权制度，通过林木所有权和林地所有权的合理流转，增加林业投资的流动性，降低投资风险，以吸引更多社会投资流入林业领域。其次，优化投资结构，确保森林质量投资比例。在有限的林业投资总量约束下，尽快建立森林资源数量增长与质量提升并重的营林投资结构优化机制就显得尤为重要。通过营林资金使用结构的重大调整，改变重造林、轻抚育的营林投资格局，将我国森林资源发展由规模扩张引向内涵提升轨道上来。最后，加强林业投入资金运行的监管与控制，建立健全林业财务管理制度和会计核算制度，对林业投入资金实行全程监督控制。林业投资取之于民，用之于民，这关系到人民、社会和国家的利益。

第四，尽管城镇化发展在不同区域对森林质量的影响有正有负，但总体上来说，城镇化步伐加快有助于森林质量提高。因此，应继续加快城镇化建设步伐，提高城镇化建设质量，以促进我国森林质量的改善。

城镇化发展是社会进步的主要表现，但城镇化发展必须要处理城镇化与资源环境的关系。首先，发展中国家在城镇化进程中具有后发优势，但面对我国这种特殊国情下的城镇化进程，不能以牺牲资源环境为代价，要长远规划城市建设，端正城市规划指导，避免城市定位超越经济发展阶段和资源环境的承载能力，盲目追求高速度和高标准，要积极推行绿色环保经济。其次，制定城市发展过程中的长效资源环境保护机制，明确一体化的责任主体，制定严格的法律法规，设立负责任的监管、执行机构，制定基于环境资源合理调整的相关政策。最后，还应大力宣传资源节约和环境保护，加强城市人口，尤其是新增城市人口的资源节约、环境保护意识[121]。

第五，人口不再是制约资源可持续发展的瓶颈。因此，应继续保持人口数量的平稳增长，并大力提高人口素质，扭转人们以往对森林质量重要性认识不足的思想意识。

改善我国人口素质，尤其是贫困地区人口受教育水平。尽管总体来看我国文盲人口比重在不断减少，但提高贫困地区人口受教育水平，扭转他们对森林质量的认识，才是改善森林质量、解决各种社会经济发展问题的关键所在。首先，贫困地区教育发展要注重基础教育。基础教育是整体教育体系的基础，是启蒙智力和培养素质的开端，解决贫困地区教育发展的关键是重视基础教育的发展，尤其是贫困地区基础教育的发展。其次，应适度关注贫困农村职业教育，在劳动力输出地培养适合现代城市生存和发展需要的职业人才，其经济成本和社会成本，远比在城镇这些劳动力输入地要合理合适得多，这也有利于促进贫困地区可持续发展。最后，充实贫困地区师资力量，改善农村地区教育环境，提高贫困地区人口素质。

第六，在制定林业政策过程中，国家对森林数量和森林质量都要重视，甚至可以说在现阶段，应更多地考虑森林质量的改善，而不能仅将政策倾向于森林数量的提高。

完善各项林业政策，有针对性地解决一些特有问题。市场经济条件下，尽管市场规律在很大程度上发挥着重要作用，但政府的宏观调控和政策制度安排也在很大程度上影响着林业可持续发展方向。林业政策在森林质量改善中所发挥的重要作用日益凸显。现阶段，我国在制定林业政策中应更多地考虑对森林质量的改善，而非森林质量的提高。首先，林业政策制定宗旨应为经济效益和生态建设相辅相成。只有保证了生态环境，为经济发展提供可靠的资源保障，产业经济才可以发展起来，才能有效地保护和培育优质资源。其次，完善立法，保障各利益主体的权益。从解放生产力、调动森林经营者积极性出发，从森林经营的生态效益出发，理性地思考政策法律，完善林业政策法规，特别是林业经济政策。再次，发展补偿多元化融资渠道，进一步完善林业投入机制。森林生态效益补偿市场化是市场经济体制的必然要求，应当考虑建立森林生态效益补偿交易市场，拓宽森林生态效益补偿的资金渠道，在财政补偿机制的基础上，逐步建立森林生态效益的市场补偿机制。最后，还应继续调整林业赋税政策，减轻林业企业和林区农民的税费负担。调整税费政策，实行轻税薄费，减轻经营者负担，使务林者得其利，植树者受其益，形成有利于刺激林业发展的良性机制。

第七，科技兴林。对我国这样一个林地少、林业资源有限的国家来说，加强科技发展，促进林业科技进步，对改善我国林业可持续发展状况，提高森林质量都具有十分重要的意义。

从林业可持续发展的要求及改善生态环境和满足人类对林产品需求的角度出发，提高林业科技水平是我国实现林业可持续发展的关键。转变林业发展战略，坚持科技兴林，促进林业产业技术进步，改善我国林业可持续发展状况，提高森林质量。首先，加强人们对林业科技创新重要性的认识，提高森林经营者经营和管理森林资源的能力，使那些与森林质量改善有直接联系的林区经营者真正认识到提高森林质量对社会、经济和生态方面所发挥的重要作用。其次，要积极鼓励林业企业，特别是大中型骨干企业真正成为研究开发投入的主体、技术创新活动的主体和创新成果应用的主体，大力推进林业产学研结合，充分发挥林业科研院所和高等院校的研发优势，把科技优势转化为经济优势、竞争优势，实现科技兴林。最后，加大优秀科技人才的培养力度，加大林业科技人才的培养和引进力度，进一步提高科技人才整体素质。

在社会经济发展的同时，努力改善我国森林质量，提高我国森林资源可持续利用水平，这是我国林业可持续发展实践的第一步，也是我国社会经济可持续发展的必经途径。提高森林质量是一个较长期的自然和社会经济活动过程，必须要经历长期不懈的努力和切实可行的政策、措施、科技与资金的大量投入。

参 考 文 献

[1] 刘仁胜. 生态马克思主义发展概况[J]. 当代世界与社会主义, 2006, （3）: 58-62.

[2] 郇庆治. 生态马克思主义与生态文明制度创新[J]. 南京工业大学学报（社会科学版）, 2016, （1）: 32-39.

[3] 朱洪强, 黄健. 论马克思主义生态自然观[J]. 学术论坛, 2011, （12）: 15-19.

[4] 中共中央马克思恩格斯列宁斯大林著作编译局. 马克思恩格斯选集: 第三卷[M]. 北京: 人民出版社, 1995.

[5] 马克思. 1844年经济学哲学手稿[M]. 北京: 人民出版社, 2000.

[6] 中共中央马克思恩格斯列宁斯大林著作编译局. 马克思恩格斯全集: 第三十一卷[M]. 北京: 人民出版社, 1972.

[7] 中共中央马克思恩格斯列宁斯大林著作编译局. 马克思恩格斯全集: 第二十三卷[M]. 北京: 人民出版社, 1972.

[8] 中共中央马克思恩格斯列宁斯大林著作编译局. 马克思恩格斯选集: 第四卷[M]. 北京: 人民出版社, 1997.

[9] 中共中央马克思恩格斯列宁斯大林著作编译局. 马克思恩格斯选集: 第一卷[M]. 北京: 人民出版社, 1995.

[10] 仲素梅. 国内外生态马克思主义研究综述[J]. 山西高等学校社会科学学报, 2016, （7）: 3-7.

[11] 王雨辰. 生态马克思主义研究的中国视阈[J]. 马克思主义与现实, 2011, （5）: 183-188.

[12] 万希平. 生态马克思主义的理论价值与当代意义[J]. 理论探索, 2010, （5）: 32-35, 50.

[13] 蒋南平, 谭琼. 生态马克思主义消费思想对我国低碳消费的借鉴[J]. 当代经济研究, 2016, （6）: 43-49.

[14] 罗慧, 霍有光, 胡彦华, 等. 可持续发展理论综述[J]. 西北农林科技大学学报（社会科学版）, 2004, 4（1）: 35-38.

[15] 罗菊春. 论持续发展与我国林业持续发展问题[J]. 世界林业研究, 1994, （6）: 48-52.

[16] 曹利军. 可持续发展评价理论与方法[M]. 北京: 科学出版社, 1999.

[17] 曲福田. 可持续发展的理论与政策选择[M]. 北京: 中国经济出版社, 2000.

[18] 张景华. 经济增长理论、自然资源与经济可持续增长[J]. 当代经济管理, 2007, 29（2）: 18-21.

[19] 周海林. 可持续发展原理[M]. 北京: 商务印书馆, 2004: 19-22.

[20] 梅萨罗维克M, 佩斯特尔E. 人类处于转折点[M]. 梅艳译. 北京: 生活·读书·新知三联书店, 1987.

[21] Grossman G M, Krueger A B. Environmental Impacts of A North American Free Trade Agreement[M]. Cambridge MA: MIT Press, 1993.

[22] 赵显洲. 从有限增长、末端治理到循环经济——资源环境约束下的经济增长理论综述[J]. 郑州经济管理干部学院学报，2007，22（2）：12-16.

[23] 平狄克 R S，鲁宾费尔德 D L. 微观经济学[M]. 张军，罗汉，尹翔硕，等译. 北京：中国人民大学出版社，2000.

[24] Huisingh D. Introduction to cleaner production concept，approaches，results and challenges[R]. Lund University，Sweden：the International Institute for Industrial Environmental Economics（IIIEE），2007.

[25] 沈孝辉. 森林是天书[J]. 国土资源，2004，（2）：10-21，3.

[26] 雷加富. 中国森林资源[M]. 北京：中国林业出版社，2005.

[27] 胡鞍钢. 中国生态环境问题及环境保护计划[J]. 安全与环境学报，2001，1（6）：49-54.

[28] 彭珂珊. 中国洪涝灾害之后的生态环境问题警钟急鸣[J]. 宁夏社会科学，1999，（4）：38-44.

[29] 陈永文. 自然资源学[M]. 上海：华东师范大学出版社，2002.

[30] 张小全，侯振宏. 森林、造林、再造林和毁林的定义与碳计量问题[J]. 林业科学，2003，39（2）：145-152.

[31] 洛茨 F，哈勒 K E，佐勒 F. 森林资源清查[M]. 林昌庚，沙琢，等译. 北京：中国林业出版社，1985.

[32] 国务院. 中华人民共和国森林法实施细则[Z]. 1986.

[33] 国务院. 中华人民共和国森林法实施条例[Z]. 2000.

[34] 陶冶，苏世伟. 关于森林资源——社会经济复合大系统协调发展的探讨[J]. 林业经济，2001，（2）：43-45.

[35] 欧涛. 关于森林资源可持续发展问题研究的探讨[J]. 林业资源管理，2002，（6）：10-13.

[36] 姜文来，杨瑞珍. 资源资产论[M]. 北京：科学出版社，2003.

[37] 翟中齐. 中国林业地理概论：布局与区划理论[M]. 北京：中国林业出版社，2003.

[38] 全国人民代表大会常务委员会. 中华人民共和国森林法（1998 年修正）[Z]. 1998.

[39] 邓禾. 我国森林资源产权体系的反思与重构[J]. 贵州师范大学学报（社会科学版），2007，（3）：57-62.

[40] 谷振宾. 中国森林资源变动与经济增长关系研究[D]. 北京：北京林业大学，2007.

[41] 国家林业局. 2007 中国林业发展报告[M]. 北京：中国林业出版社，2007.

[42] 盛炜彤. 天然林的保护与管理[J]. 世界林业研究，2000，13（2）：7-13.

[43] 丁宝清. 金河林业局森林资源分类经营现状及经营对策[J]. 内蒙古林业调查设计，2009，32（4）：45-46，104.

[44] 沈孝辉. 森林保护重在质量[J]. 百科知识，2007，（12）：23-24.

[45] 李广玉. 抚育采伐作业中提高森林资源质量的措施[J]. 黑龙江生态工程职业学院学报，2006，（4）：78.

[46] 王立中. 大兴安岭森林资源变化分析[J]. 中国林副特产，2005，（3）：61-62.

[47] 杨小建，王金锡，杨慈元. 四川森林资源动态变化与提高森林质量的初步研究[J]. 四川林业科技，2006，（6）：72-79.

[48] 国家林业局森林资源管理司. 第六次全国森林资源清查及森林资源状况[J]. 绿色中国，2005，（2）：10-12.

[49] 雷加富. 中国的森林资源经营[J]. 中国林业企业，2002，（4）：3-5，43.

[50] 杜天真，郭圣茂. 提高森林资源质量是森林培育的永恒主题[J]. 西南林学院学报，2005，（4）：27-30.

[51] 王登峰，薛春泉，刘志武，等. 广东省森林生态状况监测报告（2002 年）[M]. 北京：中国林业出版社，2004.

[52] 徐高福，章德三，张立功，等. 千岛湖森林资源动态变化分析[J]. 林业调查规划，2005，（2）：25-28.

[53] 沈国舫. 中国森林资源与可持续发展[M]. 南宁：广西科学技术出版社，2000.

[54] 岳庆华，王洪杰，田军. 加格达奇林业局森林资源现状特点及可持续发展对策[J]. 内蒙古林业调查设计，2003，（2）：8-10.

[55] Merriam G C. Webster's Third New International Dictionary[M]. Cambridge：the Riverside Press，1961.

[56] 周洁敏. 森林资源质量评价方法探讨[J]. 中南林业调查规划，2001，（2）：5-8.

[57] 蒋有绪. 国际森林可持续经营的标准与指标体系研制的进展[J]. 世界林业研究，1997，（2）：9-14.

[58] 沈孝辉. 森林整体质量危机[J]. 绿色中国，2004，（11）：40-41.

[59] 沈国舫. 中国林业可持续发展及其关键科学问题[J]. 地球科学进展，2000，（1）：10-18.

[60] 沈国舫. 北方及温带森林的持续发展问题——CSCE 北方及温带森林持续发展专家研讨会情况介绍[J]. 世界林业研究，1994，（1）：18-24.

[61] 沈国舫. 绿色的忧思与呼唤——中国森林可持续发展问题探讨[J]. 瞭望，1996，（39）：36-37.

[62] 刘福堂. 森林覆盖率既要重数量更要重质量[J]. 热带林业，2005，（3）：6-7.

[63] 范臣，谢青青，左维秋. 黑龙江省森林资源评价和生态环境保护对策[J]. 林业勘查设计，2003，（4）：1-3.

[64] 邱扬，张金屯，毕全喜. 山西省森林资源的现状、评价及发展对策[J]. 山西大学学报（自然科学版），1999，22（1）：91-96.

[65] 于汝元，范兆飞，范琳科，等. 北京西山国家森林公园人工林质量及景观效益分析[J]. 北京林业大学学报，1995，（1）：60-67.

[66] 郭雅丽，关锐，陈勇. 基于"GIS"的森林资源变化分析[J]. 科技资讯，2007，（8）：177.

[67] 赵惠勋，周晓峰，王义弘，等. 森林质量评价标准和评价指标[J]. 东北林业大学学报，2000，（5）：58-61.

[68] 徐济德. 我国第八次森林资源清查结果及分析[J]. 林业经济，2014，（3）：6-8.

[69] 南京林业大学林业遗产研究室. 中国近代林业史[M]. 北京：中国林业出版社，1989.

[70] 樊宝敏，董源. 中国历代森林覆盖率的探讨[J]. 北京林业大学学报，2001，（4）：60-65.

[71] 国家林业局. 2005 中国林业发展报告[M]. 北京：中国林业出版社，2005.

[72] 中国森林资源概况——第七次全国森林资源清查[EB/OL]. http://124.205.185.8/lysjk/indexjump.do?url=view/moudle/index[2009-12-20].

[73] 杨学云. 浅议我国人工林的近自然林经营[J]. 中南林业调查规划，2005，（4）：7-9.

[74] 林业部资源和林政管理司. 当代中国森林资源概况：1949～1993[M]. 北京：中国林业出版社，1996.

[75] 国家林业局森林资源管理司. 全国森林资源统计（1994—1998）[M]. 北京：国家林业局，

2000.

[76] 国家林业局森林资源管理司. 第七次全国森林资源清查及森林资源状况[J]. 林业资源管理，2010，（1）：1-8.

[77] 中华人民共和国林业部. 全国森林资源统计（1989—1993）[M]. 北京：中华人民共和国林业部，1994.

[78] 项文化，田大伦，闫文德. 森林生物量与生产力研究综述[J]. 中南林业调查规划，2003，（3）：57-60，64.

[79] 肖兴威. 中国森林生物量与生产力的研究[D]. 哈尔滨：东北林业大学，2005.

[80] 刘丽. 浅议天然林保护的意义与对策[J]. 四川林勘设计，2002，（3）：22-25.

[81] 刘道平. 提高我国森林培育质量的对策[J]. 西南林学院学报，2005，（4）：5-11.

[82] 李锋. 我国天然林资源保护的景观生态原则[J]. 林业资源管理，2000，（5）：30-33.

[83] Nurkin B. Soil factors related to teak plantation site quality in the Madiun forest region of eastern Java，Indonesia[D]. Moscow：University of Idaho，1989.

[84] 孙长忠，沈国舫. 我国人工林生产力问题的研究（Ⅰ）——影响我国人工林生产力的自然因素评价[J]. 林业科学. 2001，（3）：72-77.

[85] 张昌顺，李昆. 人工林地力的衰退与维护研究综述[J]. 世界林业研究. 2005，（1）：17-21.

[86] 孙长忠，沈国舫. 我国人工林生产力问题的研究Ⅱ. ——影响我国人工林生产力的人为因素与社会因素探讨[J]. 林业科学. 2001，（4）：26-34.

[87] Yu D Y，Hao Z Q，Xiong Z Q，et al. Quality and change analysis of forest resource in typical Changbai Mountain forest region[J]. Journal of Forestry Research，2004，15（3）：171-176.

[88] 国家林业局天然林可持续经营保护考察团. 澳大利亚、新西兰天然林保护管理对我国的启示[J]. 绿色中国，2005，（20）：57-59.

[89] 刘军，田向华，张洁. 提高辽宁省森林质量和森林功能的对策[J]. 辽宁林业科技，2002，（S1）：34-35.

[90] 俞云祥，黄素红. 控制病虫灾害，提高森林质量[J]. 江西植保，2004，27（3）：133-136.

[91] 叶萌，欧阳世麟. 增强病虫害防治能力，提高森林资源的质量[J]. 江西林业科技，2004，（2）：30-33.

[92] 陈世清. 提高广东省森林质量和功能的对策研究[J]. 中南林业调查规划，2006，（1）：1-4.

[93] 闫喜军，王学君，秦树恩，等. 改进伊春林区森林资源培育质量的措施[J]. 黑龙江生态工程职业学院学报，2006，（4）：70-71.

[94] 姚建勇，殷建强. 提高贵州省营造林质量的有关问题探讨[J]. 贵州林业科技，2004，（1）：59-61.

[95] 石春娜，王立群. 影响我国森林资源质量及变化的社会经济因素分析[J]. 世界林业研究，2008，21（4）：72-76.

[96] 张祥平. 论森林毁损与经济增长的同步性——欧美发展模式面临资源与环境容度的警戒线[J]. 林业资源管理，1995，（5）：57-61.

[97] 雷静品，肖文发. 森林健康的概念及其研究与实践[J]. 世界林业研究，2008，（4）：20-24.

[98] 文恬. 中国在世界经济危机中的选择[J]. 战略与管理，1999，（1）：47-53.

[99] 常继锋，潘家坪. 对林业投入的思考[J]. 林业经济，2000，（5）：40-42.

[100] 王兰会. 中国森林资源变动影响因素的数量经济分析[D]. 北京：北京林业大学，2002.

[101] 韩先喜. 我国城市化发展的战略抉择[J]. 河南财政税务高等专科学校学报，2005，（4）：46-47.

[102] 李文华，李飞. 中国森林资源研究[M]. 北京：中国林业出版社，1996.

[103] 张国平，刘纪远，张增祥. 基于遥感和 GIS 的中国 20 世纪 90 年代毁林开荒状况分析[J]. 地理研究，2003，22（2）：221-226.

[104] 布坎南 J M. 自由、市场和国家[M]. 吴良健，桑伍，曾获译. 北京：北京经济学院出版社，1988.

[105] 凯恩斯 J M. 就业、利息和货币通论[M]. 宋韵声译. 北京：华夏出版社，2005.

[106] 郭奕明，杨映根，郭毅，等. 生物技术在林业中的应用及其影响[J]. 西北植物学报，2004，（2）：337-344.

[107] 周生贤. 大力推进科技进步和创新，为实现林业跨越式发展提供强大支撑——在全国林业科学技术大会上的讲话[J]. 林业科技管理，2001，（2）：4-13.

[108] 石春娜，王立群. 森林资源环境库兹涅茨曲线经验验证[J]. 统计与决策，2007，（1）：30-31.

[109] 石春娜，王立群. 森林资源消长与经济增长关系计量分析[J]. 林业经济，2006，（11）：46-49.

[110] 尹峰，朱玉雯. 我国森林资源质量的主要影响因素及其对策研究[J]. 湖北林业科技，2008，（2）：39-42，51.

[111] 魏晓龙. 我过大城市用地规模影响因素的实证分析[D]. 杭州：浙江大学，2007.

[112] 邢姝媛. 农地流转的影响因素研究——基于成都平原 6 县（区、市）的调查[D]. 雅安：四川农业大学，2005.

[113] 国家林业局. 中国森林资源报告（2009-2013）[M]. 北京：中国林业出版社，2014.

[114] 中华人民共和国自然资源部. 2017 中国土地矿产海洋资源统计公报[M]. 北京：地质出版社，2018.

[115] 国家统计局. 中国统计年鉴—2018[M]. 北京：中国统计出版社，2018.

[116] 白鹤松. 林业投资投入存在的主要问题及对策[J]. 黑龙江林业，2001，（11）：6.

[117] 周泽峰. 以生态建设为主的林业投资政策建议[J]. 绿色中国，2004，（22）：27-28.

[118] 常宏志. 我国实施林业科技创新的战略构想及对策[J]. 河北农业科学，2009，13（1）：110-112.

[119] 徐刚标，李美娥，汪晓萍，等. 我国林业科学技术推广体系创新之探讨[J]. 经济林研究，2003，21（2）：71-73.

[120] 赵红. 积极推进我国城市化的健康发展[J]. 党政论坛，2009，（4）：29-31.

[121] 蒋晓蕙. 发展教育是贫困地区可持续发展的关键因素[J]. 科学决策，2006，（7）：21-22.